Markus von Friedland

C r i s t o :

Cosa accadde d o p o Golgotha ??

**Breve riassunto ed introduzione
ai seguenti libri:**

**1) La Storia Epica di Cristo
in tre volumi**
basata sulla Verità finora Conosciuta

2) Cristo:
Le Prove Scientifiche

Pubblicazione Andrômeda, Zurigo, 2006

INDICE

Parte I: Da Betlemme a Damasco

Parte II: La sconosciuta, seconda vita di Gesù

1.Spiegazione dell'immagine-enigma della copertina

a) Arco Romano sotto il quale Cristo fu presentato, poi condannato da Pontio Pilato ('Ecce Homo!)

b) Dalla cornice di un antico frammento di pergamena appare, in un cielo rossiccio e temporalesco, dalla distanza di 20 secoli, la genuina maschera da morte del grande Nazareno

c) Sotto si legge, in ebraico liturgico: 'Pater, fiat voluntas tua'

d) La maschera da morte di Gesù:

Si tratta dell'immagine tridimensionale ottenuta dopo due anni di lavoro dal Professore Giovanni Tamburelli, tramite tomografia computerizzata dalla originale Santa Sindone di Torino e con le tracce delle ferite dalla crocifissione eliminate. Quest'immagine fu pubblicata in tutta Italia nell'edizione pasquale 1985 della 'Famiglia Cattolica' ed è, senza dubbio, la migliore raffigurazione della fisiognomia di Gesù che possediamo

Le fitte sopraciglia sembrano indicare una tendenza all'ira nel carattere (vedi certi passaggi nei vangeli!), il naso lungo una statura alta (1,83 m secondo le misurazioni dell'impronta sulla Sindone), labbra e regione boccale soave, con forte tendenza alla compassione ed alla non-violenza. (Una tradizione contemporanea dice: mai non lo si vedeva ridere, ma spesso piangere). I tratti facciali appaiono maestosi, distanziati, di elevata intelligenza e molto rivolto verso l'interno. I commenti dei discepoli e degli evangelisti venuti a noi concordano largamente con queste constatazioni.

Egli quasi sempre precedette il gruppo dei suoi discepoli che lo seguirano con distanza rispettosa. - L'espressione del viso così ritrovata si addice perfettamente alla sua più famosa preghiera, il 'Pater Noster'.

e) La fila degli angeli, nel rossiccio cielo serale, celebra l'innalzamento di Cristo

f) La Croce vacillante nel lago Dal, vicino a Srinagar, Cachemira, simbolizza le fondamenta titubanti dell'Ecclesia, della
chiesa madre cattolica

g) il lago Dal e i monti dell'Anti-Himalaya, nel nord-ovest dell'
India dove Cristo visse la sua Seconda Vita e donde mancò
all'inverosimile età di 114 anni, di decesso naturale

h) I titoli: Cosa accadde d o p o Golgotha ?

Cristo ha sopravissuto la croce in maniera miracolosa, con
l'aiuto di Dio. Quindi si pone, inesorabilmente, la questione
di una sua esistenza ulteriore tra di noi. La risposta è una
gande sorpresa

La singolare vittoria alla Croce:

Nello stesso momento in cui Cristo cedette il suo spirito
alle Croce, in uno stato di apparente rassegnazione profonda, egli iniziò di governare su gran parte del mondo

Parte I: il libro dei dubbi
Esso ci accompagna dalla nascita di Gesù
fino al giorno del significativo incontro
con Paolo davanti a Damasco. La tradizione lascia aperta troppe domande, e la
chiesa ci può rispondere chè a poche

Parte II: il libro della verità (storica)
che può rispondere, e risolvere, tutta una
serie di faccende altamente enigmatiche
della vita di Cristo

***

Si tratta qui di una introduzione abbreviata sui temi della so-
pracitata opera di ca 700 pagine, intitolato 'CRISTO - La Verità-
Prove Scientifiche', in un solo libro a due parti,che descrive la
vita di Cristo dalla mira dello storico-scienziato, dagli primitivi
e conosciuti inizii fino al dramma su Golgotta ed al punto cru-
ciale davanti a Damasco, ed ulteriormente nella seconda, a noi
quasi totalmente sconosciuta vita del grande

Nazareno all'Este ed alla fine naturale di una del tutto straordinaria vita, a noi rimasta nascosta, del personaggio che era destinato essere chiamato, dalla posteriorità all'Ovest, il Figlio di Dio.

***

La Trilogia, composta da tre volumi ed intitolato 'La Storia Epica di CRISTO', basata sulla verità finora conosciuta', é un gran poema narrativo, un racconto toccante situato nell'antichità romana, greca, galilea e giudaica. Inizia con la storia dei Mac-cabaei attorno al 163 ante Cristo, accompagna ogni episodio del Nazareno, oltre Golgotta e Damasco, fino alla lontana India ed illustra la sua lunga, seconda vita in 'Terra Promessa' di Kashmir, la sua miracolosa opera di trasformazione del Buddhismo, sotto la protezione del rè, e moltissimi eventi finora sconosciuti, fino al suo decesso naturale a Srinagar anno 107 post cristum

***

Questi libri possono esser ordinati su richiesta ai seguenti indirizzi:

Markus von Friedland   L'autore:
Postfach No. 9852   Markus von Friedland
CH-8036 Zurigo   Dr. h.c.
Svizzera

Fax: 0041 43 960 92 54
e-mail:
m_von_friedland@hotmail.com

BOD-Books on Demand
D-22848-Norderstedt
Germania
Fax: 0049 (0)40 53 43 35 84

Prezzi approssimativi: pagine:

Cristo - Libretto introduzione Euro 20.-	60
Cristo - Le Prove Scientifiche Euro 49.-	650
Cristo - La grande storia epica, un'racconto toccante tre volumi Euro 119.-	1700

Cristo
Cosa accadde a Golgotha ?

(La singolare vittoria alla Croce)

Nato a Betlemme
Crocifisso a Gerusalemme   Sepolto in Srinagar, India

2. Di ché si tratta

Gesû Cristo, l'epifania di Dio su terra, é senza dubbio, la figura più iridescente, ma anche più enigmatica della conosciuta storia mondiale. Il Suo apparire divise già allora gli spiriti. In credenti, ed in scettici. Lui ha imposto all'intera umanità un'incarico irresolvibile: di vivere contro le leggi della natura, di proteggere i deboli dai forti, di procurare ai sotto-privilegiati un'esistenza degna, di intraprendere la lotta contro la povertà e la miseria - non contro la richezza - e, finalmente, di abolire tramite il grande comandamento di amare non solo il prossimo, ma persino il nemico, ogni conflitto bellico con assassinio e fisica distruzione, rimpiazzando la guerra con forme più miti ed umane, di risolvere situazioni conflittuali, per esempio in gare sportive - o con tolleranza e perdono.

Passati due milenni di Cristianesimo, innumerevoli gravi errori sono stati commessi, sempre di nuovo e senza mai cessare. Ma un'impressionante parte dell'apparentemente sì semplice programma di Cristo é stata realizzata, senza che ce ne rendessimo conto. La metà della meta del più spettacolare incarico alla storia che le sia mai stato dato da un uomo, é stata raggiunta. Non chè il male sia scomparso, oppure diminuito. Ma non é esagerato pretendere che oggi, malgrado sempre omnipresente miseria un pò dappertutto nel mondo, 2/3 di un'umanità dieci volte superiore in numero di allora, 2000 anni fà, vive oggi considerevolmente meglio e più sicuro e confortabile che Eva ed Adamo a suo tempo nel paradiso.

*

3. Cristo - Più del Messia ?

In fondo, un pubblico numeroso dovrebbe essere interessato - e lo é diffatti - di conoscere più dettagli sulle circostanze drammatiche di quest'uomo inviatoci da Dio, per essere finalmente in grado di distinguere, tra le nebbie del passato, tra menzogna e verità e per ritrovare e riconoscere il vero, umano Cristo, non quello transzendentale e mistificato e glo-rificato. Possiamo rassicurare in anticipo: questa correzione urgentemente necessaria ci mostrerà un Cristo in alcuni aspetti alquanto diverso di quello fino ad oggi predicato, ma la sua opera ottiene un'impatto ancora più colossale, ed i suoi doni divini appaiono ancora più grandiosi e ci impressionano di nuovo, come allora i suoi contemporanei.

Il mistero di Cristo ingrandisce, al contrario, perché possiamo intravedere la luce che egli venne al mondo da accendere cominciò, passo per passo, a splendere a causa degli inediti sforzi personali e dei singolari talenti spirituali del Nazareno, e che la parte che contribui il Padre celeste in questo miracolo era alquanto inferiore di quanto finora presunto.

Già la nascita di Gesù nell'epoca della massima tensione politica nell'asse Roma-Gerusalemme appare del tutto eccezionale. Da quanto pare, la grande congiunzione dei pianeti Giove e Saturno nel segno zodiacale dei Pesci, nell'-anno 7 ante astronomico (a), é un segno celeste che annuncia la nascita di un rè e signore dell'universo, come predetto dalle Sacre Scritture, un duca della pace o di un salvatore mundi. Ma é possibile, ci si può domandare che tale nascita era parte di un piano segreto del partito dei 'Silenziosi nel paese', come si chiamarono, operando la generazione al giusto momento e nella giusta famiglia, affinchè la nascita concordi con il periodo del fenomeno stellare sopra Palestina e Betlemme? Trattavasi forse della nascita di un erede al perduto trono d'Israele della casa degli Hasmonaei per cui era previsto, da forze politiche nascoste, la liberazione d'Israele dal clan Erodiano e dall'occupazione romana del paese? O dobbiamo vedere nella visita dei tre Magi d'Oriente, dei futuri Rè Magi, un tentativo buddhista proveniente dalla Persia e dal nord-ovest dell'India dove il buddhismo era diffuso già da 500 anni allora, di trovare una profezia di re-incarnazione del buddha storico, nel senso dell'eredità teologica cubilcanica (come tutt'oggi ancora prati-cato nel Tibet per i Dalai Lama? Oppure era Cristo semplice-mente il tanto sperato ed atteso Messia d'Isra-ele, in fondo il supremo sacerdote-rè unto che avrebbe dovuto ristabilire la magnificenza dell'antico regno di Davide? Oppure era la rein-carnazione arbitrariamente generata del 'Gran Docente della Giustizia' il quale avrebbe, nell'anno 162 ante historico (h) fondato al Mar Morto l'ordine monastico di Qumran che fu precedessore del movimento Essenico a cui fu legato anche il giovane Gesù durante gli anni formativi?

Si realizza subito la estrema difficoltà in cui si trova l'adole-scente Nazareno per quanto riguarda il ruolo storico asseg-natogli dal destino.

Ed i dubbi lo accompagneranno fino a Cesarea Philippi dove chiede ai suoi discepoli il loro punto di vista del suo ruolo, senza ottenere, nè da loro, nè dal Padre, una risposta conclu-siva.

Con il passare degli anni, diventô lentamente ovvio che nes-suno delle sorti per lui originalmente previste combaciava con la sua situazione -e chè egli era, con crescente probabilità - più del Messia.

*

4. Gesù e Giovanni -
Gli eredi segreti al trono di una dinastia detronizzata?

Tutto sembra indicare che la generazione di Gesù - ed anche del suo pro-cugino Giovanni - , in una stessa famiglia, non accadde per pure coincidenza. Maria sapeva dall'inizio di un'-allusione, di una promessa riguardante il suo primo-genito, già allora, alla tenera età di 15 anni.

Non c'è dubbio che Gesù ha dedicato la prima parte della sua vita allo studio profondo delle Sacre Scritture, che é cresciuto in mezzo alla sua famiglia con quattro fratelli e due sorelle, progeniti di Maria e Giuseppe e che lui, figlio maggiore, era molto occupato con il co-mantenimento della famiglia, forse in assenza sovente di Giuseppe. E inoltre molto probabile una educazione religiosa intensa durante la gioventù, all'età di 8-12 anni, con studi superiori al monastero di Qumran, al Mar Morto, nell'ambiente Essenico, e più tardi ancora di un periodo di istruzione (terapeutica?) in Alessandria d'Egitto.

5. La errata interpretazione di una leggenda tibetana

Manca di fondazione una narrativa propagata in questi tempi di un'allegato viaggio di Gesù verso l'India nei suoi anni 13-28. E l'indicazione nel vangelo di Luca della presentazione di Gesù al tempio di Gerusalemme all'età di 13 anni, dove il giovane avrebbe stupito i professori ebraici di teologia per la sua sapienza, non ha che un valore simbolico. Ossia che il giovane Gesù avrebbe appena terminato i suoi studi a Qumran e che avrebbe voluto mettere a prova il suo sapere in una discussione teologica con i sacerdoti d'Israele. Molto probabilmente si trattava però del 'Bar-Mizwa', obbligatorio per ogni giovane ebreo a tale età, corrispondente in qualche senso alla nostra prima comunione.

Questa narrativa sulla migrazione di Gesù in India che fu accidentalmente scoperto da un'abbiente cacciatore russo del nome Nicolas Notovitch nell'anno 1887 nel monastero buddista di Hemis Gupta, nel Ladakh, India - ne parleremo alla fine di quest'essay - si rivela, esaminata da vicino, come una macchinazione, (o frode?) di cronisti buddisti tardivi.

Ma - questi non avrebbero avuto motivo alcuno di scrivere su Gesù se egli non fosse, molto più tardi, dopo la resurrezione a Gerusalemme, venuto veramente nell'India buddista e non avrebbe raccontato di persona la sua vita e gli avvenimenti nella lontana Palestina ed il dramma della sua propria crocifissione. Infine, le sue visibili cicatrici chiedettero una spiegazione.

I due ragazzi, prima Giovanni, poi Gesù, erano nati tali principi eredi della dinastia Hasmonaea (anche chiamata dei Maccabaei), spodestata nel 34 ante, ma vissero in un'epoca dove non si poteva nemmeno pensare ad una riconquista d'Israele dall'usurpazione romana. Loro, per consequenza, si concentra no sullo scongiurare la venuta di un'immaginario Regno dei Cieli su terra, sotto gli auspici del Padre Eterno stesso - un'idea davvero visionaria. Giovanni é sei mesi maggiore di età a Gesù; é quindi lui che deve lanciare il primo tentativo. Essendo inferiore di età, Gesù si sottomette al suo pro-cugino Giovanni in'occasione del famoso battesimo nel fiume Giordano. Per ora.

Da tanto tempo Gesù aspettava, in silenzio, quest'iniziativa di Giovanni. Ma dopo la inaspettata decapitazione di Giovanni Battista, nella fortezza di Macairo, sopra il Mar Morto, in Transgiordania, la situazione cambiò radicalmente. Gesù si ritirò per ben dieci mesi alla Galilaea, al nord. - Sarà il periodo della grande pausa.

6. il lungo silenzio

Tra Gesù e Giovanni ci deve essere stata, evidentemente, una grave divergenza sulla missione Samaritana. Finora, Gesù ha predicato nel senso dell'ambasciata di Giovanni Battista, e non si é fatto, apparentmente, nemici in pubblico. Anche il tumulto nella corte del tempio contro i commercianti provocato da lui, cade in questo periodo sotto Giovanni, e tale atto é stato interpretato come furor zelotico per chiamare i fedeli alla penitenza, e come tale fu tollerato. Ma adesso, Gesù rimane per più di dieci mesi al nord in clausura e prepara la sua propria missione. All'improvviso, egli si fa sentire con un'insegnamento molto rivoluzionario. Rompe, in quella lontana primavera del 31 post con la Thora, ma sopratutto anche con Qumran di cui movimento, sia lui che Giovanni, erano in una fase delle loro vite stati aderenti. Gesù mette, autorevolmente, tutta una serie di mandamenti Mosaici fuori legge poichè rimasti contrari alla realtà quotidiana e troppo astratti (...Io però vi dico..). Scarta il formalismo religioso pietrificato degli ebrei e congiura e predica un nuovo Dio, pieno di bontà e compassione, il suo Padre nei Cieli. Ed e lui, solo lui, che scambia il dio Jahwe d'Israele, geloso del suo popolo, spesso irato e vendicativo, in una divinità tutta nuova, della tolleranza e dell'assoluzione. Prima di lui, nessuno avrebbe mai osato rivolgersi al supremo Impronunciabile con un semplice 'Padre mio nei Cieli'.

Questo fenomeno solo bastava già per suonare, agli orecchi degli Israeliti, allora come oggi, come un'insopportabile blasfemia.

I discepoli di Gesù erano la scelta della prima ora. Ma ben presto, egli realizzò che nessuno di loro poteva rispondere alle esigenze superiori che Gesù si era posto a sè stesso. Potevano, nel piano che lentamente maturò in Gesù, incaricati solo di ruoli secondari. Gli attori principali dovevono essere gente di rango e di influenza che potevano essere una certa garanzia per la riuscita del piano grandioso che egli aveva in mente - Dio aiutando.

Gesù cercava disperatamente la sua propria identità e funzione da Dio previsto per lui. "Chi, credete, che io sia?" chiama ai discepoli in tono interrogativo. Nato in una famiglia reale e sacerdotale impoverita, con antenati hasmonaeici da parte della madre e dai nonni, con discendenza dalla casa del ré Davide come figlio adottivo paterno (Giuseppe), provisto con segrete promesse messianiche, dotato dalla natura con un fisico impeccabile, una testa più alta della media dei suoi contemporanei, in possesso di un'intelligenza straordinaria, abbinata a delle capacità terapeutiche e magnetiche evidenti, egli per lunghi anni non sapeva a che era destinato. Per molti anni, egli pregò al Padre di svelargli, finalmente, la sua vera identità e lo scopo di tutti questi privilegi. Ma mentre leggevamo sempre dai grandi profeti dell'antico Israele che Dio loro parlava perché istruissero il suo popolo dalle sue volontà, mai sentiamo una cosa simile da Cristo. Giorno e notte egli parla al Padre, ma dalle risposte del Padre non sentiamo nulla. Finalmente e lentamente, Gesù comincia a realizzare che egli non può essere (solo) il Messia da Israele aspettato, né il pretendente al trono reale-sacerdotale a Gerusalemme, né la semplice reincarnazione del 'Maestro della giustizia' che fondò il complesso monastico di Qumran al Mar Morto. Poco a poco schiarisce sulla sua mente una tremenda verità: 'Io sono il Figlio dell'Uomo, annunciato nelle scritture del profeta Henoch, il Figlio di Dio, una emanazione del Supremo Spirito su questa terra tra gli uomini. Immediatamente, egli si rende conto dell'estrema pericolosità di un ruolo simile. Ecco perchè tutte le immaginabili misure di precauzione per velare la sua vera identità.Egli vuole propagare la volontà del suo Padre nei

Cieli, anzi, vuole addirittura far scendere il Regno Celeste su terra al fine dei tempi che sembrava imminente. Ma lui, come persona, deve rimanere assolutamente incognito, se questa visionaria impresa debba avere successo.

Ma il popolo non nè vuole sentire. Il successo dei suoi sforzi inumani é scarso. Si approfitta volentieri delle sue capacità terapeutiche per farsi guarire in modo miracoloso da mille malattie, si rimane impressionati dal suo insegnamento sull'Uomo Nuovo, e dalla sua eloquenza sul morale nuovo ed il nuovo carattere di Dio. Ma non si capisce, oppure non si osa neppure di capire, le sue velate allusioni sul suo ruolo divino proprio. Non si vuole, e non se deve capirle. Troppo mostruose sarebbero le conseguenze: Cosa si deve pensare da un uomo, apparentemente come tutti gli altri, che pronuncia parole come queste: '"Vedete, dove sono IO, il Regno Celeste é già in mezzo a voi!", e "IO sono il sentiero, la luce e la vita", eppure essendo di carne e sangue? - Così, grosso modo, se lo pensava la gente di allora, e spesso i propri discepoli non si potevano sottrarre a tali impressioni.

7.Era in giuoco un'alterazione della coscienza?

Gesù dimostra, dovunque, un straordinario senso per la regia drammatica. Egli sapeva che poteva avere successo unicamente se riuscisse di obligare Dio di manifestarsi, in pubblico aperto, in località più sacra d'Israele, di fronte al Gran Tempio, al giorno più sacro dell'anno, al Passah ebraico, e di confermare davanti al mondo l'incarico dato al figlio da lui stesso. Se Dio dovesse invece tacere egli, Gesù, sarebbe diventato vittima di un'interpretazione erronea gravissima del suo ruolo, ed in tal caso egli avrebbe meritato di essere ucciso come falso profeta e predicatore fraudolente. Da una rassegnazione profonda davanti ad una sconfitta totale dei suoi sforzi disperati matura in Gesù il piano maestro storico del dramma di Golgotha.

Non saremo mai in grado di conoscere il segreto della autocoscienza presunta di Gesù che appare unica al mondo. Non sappiamo se egli soffriva di una specie di paranoia, se allargava manicamente la propria coscienza fino al punto di vedersi Dio lui stesso, se usava tossici o droghe che alteravano la sua coscienza. Ci sono varie indicazioni, tra l'altro le mistiche ascese gnostiche ai cieli, la traumatica elevazione verso Dio che egli avrebbe celebrata, durante lunghe notti, con alcuni dei suoi più confidenti discepoli, non dissimile ai culti dei misteri greci, come ce lo racconta il cosidetto Vangelo Segreto. Appare oggi come certo che egli aveva deciso di sfidare, in tutta umiltà, il suo Padre Divino alla Croce e che, durante l'inverno 31/32 post (calendario storico), quando era da solo a Gerusalemme, aveva cercato e trovato i rapporti rilevanti con gente di rango appartenente alla setta dei 'Silenziosi nel Paese', che sarebbero stati in grado di fornire pregevole assistenza nella monumentale operazione da lui prevista. Ma é altrettanto certo che, al momento decisivo, davanti al supremo sacerdote, presidente del Synedrion di 72 consiglieri, governo e tribunale religioso d'Israele, Cristo replicò, in quella lontana mattinata del primo venerdi santo, sulla domanda presidenziale: "Lo sei tu?" - con la più sacra formula teofanica, riservata unicamente a Dio Jahwe: "ANI HU!"-Questo termine non significa sempli-cemente 'Si, lo sono', ma implica, senza il minimo malinteso, il chiaro messaggio: "Sì, IO sono LUI (Dio in persona). - Solo il pronunciamento di questa formula sacra poteva portare all'immdiata sentenza di morte e consequente esecuzione, senza ulteriori 'se' e 'ma', senza appellazioni, poichè tutti avevano sentito una blasfemia orrenda ai loro orecchi.

L'ultima Cena, il tradimento di Giuda a Getsemane, l'arresto di Gesù, l'interrogatoria davanti a Pilato, e finalmente la Crocifissione, appaiono minuziosamente preparati in anticipo. Ed anche il salvataggio dalla morte in tempo alla croce. Mai né i 12 discepoli, né le donne di famiglia e del suo seguito non avevano né la minima idea o presentimento - ecco perché la loro sconfinata stupefazione ci convince perché era del tutto genuina.

*

8. ...E voi, c h i dite che sono I o ?

il pericolo di involuto tradimento del suo piano da parte dei suoi discepoli, quallora ne desse confidenza, era troppo grande ed avrebbe, inevitabilmente, portato ad un fallimento anticipato. Ciascuno doveva dunque essere una sola rotella nel grande ingranaggio che doveva prendere il via in occasione della festa del Passah imminente, ma nessuno, eccetto Gesù, nè conoscerebbe le evidenti conseguenze. Siccome Gesù non poteva prevedere il giudizio e verdetto di Dio, egli dovette lasciare aperte tutte le sue possibilità, anche quelle, eventualmente, di essere confermato come il Messia pro-messo, oppure come Figlio del Padre, o come Figlio dell'-Uomo secondo le scritture del profeta Henoch nel Vecchio Testamento, oppure come rè degli ebraei dalla dinastia di Hasmon, e come Messia allo stesso tempo. - Oppure come niente di tutto questo. Per quanto riguarda il Messia, le profezie di Jesaia dicevano che egli sarebbe entrato in Gerusalemme addosso di un'asinella, in trionfo, in occasione di Passah, per erigere sulla terra il regno di pace divino e per annunciare un felice periodo finale di questa era. Jesaia parla però anche del 'Grande Giusto', del bracciante dolente di Dio che doveva venire e che sarebbe stato dannato, sputato, flagellato e torturato, ma le cui ossa non sarebbero state frantumate ed il quale - dopo avere fatto penitenza per l'intero suo popolo, sarebbe stato, finalmente, salvato da Dio.

Furono messe in atto tutte le necessarie preparazioni per lasciare aperto ogni possibilità che tali profezie si possano verificare e per la discesa del Regno Celeste di Dio su terra in questa Passah (Pessach) dell'anno 32 post. Gesù sembra essere stato assolutamente convinto che prima di tutto occorreva creare le condizioni profetizzate, per indurre Dio di onorare la sua promessa data tramite i profeti. Gesù di Nazareth doveva, e voleva, essere arrestato, interrogato e giustiziato all'ora da lui determinata. Egli aveva contemporaneamente arrangiato ogni dettaglio nei suoi preparativi per permettere a Dio di lasciarlo sopravivere, il Padre volendo. Cristo tremava davanti alla mostruosità della sua propria impresa di manovrare se stesso, al luogo ed alla ora da lui voluti, in presenza dell'Omnipotente Dio, martirizzato,immobilizzato alla Croce,per aspettare il verdetto finale. Egli traspirava sangue quella notte di attesa a Getsemane, come dicono i vangeli, prima dalla tremenda paura delle sofferenze fisiche che l'aspettavano - e poi anche sopra il fatto che l'arresto in sequito al voluto tradimento da Giuda non ave-nisse, o troppo tardi.

"Padre! Evitami questo amaro calice - ma fiat voluntàs tua, non mia", prega Gesù ad alta voce a Getsemane. Gesù non vuole morire, vorrebbe, con l'aiuto di Dio, continuare a propagare la Nuova Immagine, ed il Nuovo Insegnamento tra gli uomini. Ma l'opera sorpassa le sue forze e possibilità, e non la potrà portare a termine senza l'assistenza attiva di Dio. Chè dunque Dio o lo salvi dalla Croce davanti agli occhi del mondo, confermandolo così come suo Figlio, o il Messia, o semplicemente come l'ambasciatore di Dio, oppure che accetti il suo sacrificio e lo scarti se lui, Gesù, avesse profondamente errato. Curioso é comunque il fatto che i grandi profeti d'Israele del passato condussero sempre dialoghi con Dio, per poi annunciare la volontà dell'-Omnipotente ad alta voce al suo popolo.

Non così per Gesù: Egli trasmette la parola di Dio nel suo proprio nome: "...IO però vi dico." Mai egli si designava come profeta. Poichè lui é più di un profeta, più del Messia, più del figlio dell'Uomo; egli é un'epifania di Dio su terra. - Ma solo lui lo sà: "Nessuno conosce il Padre eccetto a chi egli lo vuole rivelare." E "il Padre mi ha confidato tutto, nei cieli e sulla terra." - Fra poco egli dovrà svelare il suo grande segreto che i suoi discepoli avevano finora captato solo vagamente, senza mai ottenere una chiara conferma da parte sua. Facendo ciò, risulterebbe nella sicurissima esecuzione. Il modo della pena a morte, pronunciata sul blasfemia divina, era la crocifissione. - Ed in qual modo si riuscirebbe, eventualmente, di salvare la vita alla Croce, malgrado l'implacabile ed imparziale giustizia e perfetta tecnica d'esecuzione romana?...

Gesù procura la Cena Seder un giorno prima di Passah, seguendo il rito essenico al quale, in contrasto con le usanze religiose del tempo, potevono partecipare uomini esclusivamente, e lo fa preparare in segeto ad un luogo appena fuori mura di Gerusalemme, in casa del figlio-sacerdote Giovanni, il suo discepolo molto giovane detto 'il preferito'. Gesù prende veramente congedo dai suoi discepoli poichè egli, malgrado tutti i preparativi, non crede nel suo salvamento,e se esso doveva avvenire, egli non avrebbe più un corpo terrestre. Impartisce in tale occasione, ovviamente in un senso magico-gnostico, un rito mistico di congiura della 'Nuova Alleanza' e della 'Nuova Dimensione' del suo Padre Celeste, un Dio Nuovo della Compassione. Il suo sangue, e la sua carne ed il suo nome dovevano diventare un nuovo ed eterno simbolo per le forze della luce, in conflitto con quelle delle tenebre. E della misericordia divina per ogni creatura vivente.

Giuda é incaricato da Gesù stesso di tradire, al momento voluto, alle autorità il luogo di soggiorno di Gesù a tarda notte nell'oliveto di Getsemane, di fronte al portale d'oro chiamata anche 'porta bella', ma Giuda ignora la ragione per cui deve fare questa denuncia. Lo fa semplicemente perchè gli é stato ordinato dal Maestro. Infine, é Gesù in persona che gli commanda di andare dalle autorità quando egli lo ritiene opportuno. Non prima. E non più tardi. Allora. Quando più tardi Giuda realizza la catastrofe e dove ha portato la sua 'denuncia', egli si impicca ad un'albero, disperato - oppure é diventato vittima di assassinio affinchè non possa tradire la sua parte nel piano di Cristo che avrebbe potuto pregiudicare seriamente la grande opera a Golgotha?

*

9. La sacra formula teofanica: "Si, IO sono LUI!"

L'arresto avviene nella notte al lume delle torce. Seguono, all'alba, in rapida sequenza, gli interrogatori, prima davanti all'ex sacerdote supremo Hannas, poi davanti all'intero Synedrio convocato d'urgenza, quindi la accusa, i testimoni contrastanti, la domanda decisiva del supremo sacerdote in carica, Giuseppe Kaiphas: "Lo sei tu?" - Finora, Gesù taccque. Secondo le profezie di Jesaia, il bracciante dolente di Dio non si difende. Gesù potrebbe continuare a tacere. Potrebbe, volendo, dare mille risposte diplomatiche e non compromettenti. Non lo fà. E la 'hora revelationis', la ora della grande verità: "ANI HU", egli risponde. Chiaro e ad alta voce. Tutto il consiglio di 72 uomini tratiene il fiato. Costernazione, poi ira.

Kaiphas straccia il suo Kaftan, la frange inferiore del suo vestito. I consileri lo imitano, l'uno dopo l'altro. Il più inaudito é
stato pronunciato da un mortale: 'IO sono LUI (Dio stesso!)
che stà davanti a voi'. Si tratta della più sacra, inexprimibile
formula teofanica d'Israele che rimane riservata, esclusivamente, a Dio, a JAHWE.

Gesù di Nazareth ha provocato con piena intenzione l'immediata condanna a morte. Le prove e le testimonianze non sarebbero bastate. Il processo é stato condotto impeccabil-
mente secondo le leggi in vigore. - Ora, il condannato viene
portato davanti al procuratore romano, Pontio Pilato, per ottenere la confemra della sentenza che solo lui puo accordare,
giacchè da poco sentenze di morte da parte del Synedrio dovettero essere legalizzate dalle autorità romane. Pilato non
segue l'intreccio, fiuta piuttosto una trappola dei sempre furbi
Giudei, e tenta di sbarazzarsi di questo caso. "E galileo, dite?"
replica alle loro insistenze. "In tal caso non entra nella mia
giurisdizione. Portatelo al suo patrono, al rè Erode-Antipas
che per le feste risiede in Gerusalemme anche lui!"

Ma anche l'assassino di Giovanni Battista si trova, poco dopo,
davanti ad un Gesù ostinatamente taciturno. Il rè si mostra
molto deluso di non poter indurre il prigioniero di compiere
qualche miracolo in sua presenza e gli lascia indossare, sulle
spalle, in segno di scherno, un mantello di porpora reale e lo
rimanda, così vestito in beffe, da Pilato. - Ora, la massima
premura é di importanza. Già ci si avvicina mezzogiorno...

*

10. il Piano del Maestro

La crocifissione deve avere luogo nel primo pomeriggio affinchè le torture non durino troppo a lungo e che le possibilità di
sopravivenza rimangano intatte. Se la crocifissione avviene
troppo presto, la suspensione durerebbe pericolosamente a
lungo, ma se la sentenza venisse pronunciata troppo tardi,
sorgerebbe il rischio che l'esecuzione dovesse essere riman-
data ai giorni dopo le festività giacchè esecuzioni al Shabbat
ed a Passah erano strettamente proibite dalla legge.

In tal caso però ogni speranza di salvamento (in modo naturale) sarebbe annientata, e la morte certa. Esattamente ciò deve essere evitato. Questa circostanza spiega anche, in parte, il gan tacere di Gesù durante gli interrogatori. Se egli si fosse difeso, o se fosse anche pure entrato in discussioni, si sarebbe perduto tempo prezioso. Ma in questo modo, tutto si svolge come previsto. La crocifissione può iniziare poco prima di mezzogiorno, alla sesta ora circa (ore 12). Le rigide leggi del Shabbat prescrivono che nessuno deve pendere alla croce durante i grandi giorni festivi religiosi. Dopo il tramento, anche il contatto con cadaveri é proibito per gli ebrei credenti. Perciò si poteva contare sulla quasi sicura probabilità che gli impiccati venissero deposti dalle croci prima del tramonto, e ciò accadde davvero. Tutto era prevedibile. Quindi ci si doveva occupare di tre fattori: per una infallibile perdita di coscienza di Gesù alla Croce, e come conseguenza di essa l'evitare del rompere degli stinchi delle vittime (come lo fecero con i due ladri co-crocifissi con Cristo), e come punto terzo il trasporto del corpo di Cristo apparentemente morto in sicurezza in un nascondiglio vicino, con l'aiuto di mani amiche.

Esattamente questo accadde. Accordi precisi erano stati presi in anticipo con personalità pubbliche di confidenza e di influenza e che, in segreto, appartenevano al partito dei 'Silenziosi nel paese', con quei segreti aderenti al Nuovo Insegnamento di Cristo che con lui aspettavano la discesa del Regio Celeste. Con certezza si trattava di varie persone, ma solo due di loro appaiono nei nostri vangeli con nome, Nicodemus, un ebreo con nome ellenistico, medico di professione il che sembra molto significativo, e Giuseppe di Arimathia, entrambi consiglieri nel Synedrio, quindi del go-verno e tribunale religioso, che nella stessa mattinata aveva sentenziato Cristo alla morte. Un'altro consigliere e docente della Thora, lui fariseo, sembra essere stato un certo Gamaliel che, pure lui, in segreto sosteneva la causa di Gesù. - In pomeriggio vediamo apparire sotto la Croce, poco dopo che Gesù era spirato e pendeva immobile e senza coscienza alla Croce, Nicodemus con l'evidente compito di giudicare lo stato di Gesù e per impedire che al defunto apparente non fossero implicate ulteriori ferite, stavolta fatali, mentre Giuseppe di Arimathia, un molto abbiente commerciante, si recava immediatamente da Pontio Pilato per ottenere da lui il permesso per la deposizione di Gesù dalla Croce e per portergli dare un funerale degno. Questa era la fase più critica di tutto il piano.

*

11. Era un tossico a provocare la morte apparente?

Quando Gesù, dopo la conclusione della sua preghiera disse, dalla Croce: "Ho sete!" gli diedero, con una spugna fissata su un gambo della pianta Yssop ed imbevuta da un liquido consistente - dicevono di aceto e fiele -, da bere. Tale miscela avrebbe dovuto animare la circolazuione, la respirazione e mitigare i dolori. Il risultato era però, forse alla sorpresa di tanti spettatori, un quasi immediato colasso totale. Cos'era mai più in questa spugna? Possibilmente un veleno, o ottenuto dalla 'radice di rondine' che era anche alla base dell'antica bibita fortemente narcotica dei popoli vedici nelle steppe asiatiche, chiamato 'soma' e che si usava per i rituali religiosi e sacrifici anche umani agli dei. Nelle valli montagnose del Tirolo, Austria, si conosce questa pianta ancora oggi con il nome popolare di 'Judenwurz' (radice ebraica). Trance, perdita di coscienza e disturbi di vista potevono esserne la conseguenza. Questa bibita 'soma' era forse in uso anche durante i riti notturni dei misteri menzionati nel Vangelo Segreto, e non é da escludere che un tale liquido causava anche, più tardi, la temporanea cecità e trance di Saulo/Paolo in'occasione del suo incontro con Gesù risorto davanti a Damasco. Anche l'uso di un'altro forte veleno, tratto da una 'solaneazea' molto tossico, dalla cosi detta 'mela di Sodomo', si impone. I frutti gialli e sferici di questa pianta maturando proprio in marzo/aprile, ai tempi della croci-fissione, alle rive del Mar Morto dove, anticamente, si trovava le bibliche città di Sodomo e Gomorrah (da Dio distrutte). In Arabia, il veleno di questi frutti é ancora oggi conosciuto per causare uno stato di morte apparente e catalapsìa, inghiottito in dose elevata. E mai pensabile che in'occasione della ri-surrezione di Lazaro che avenne solo 2-3 settimane prima di Golgotha, ci si fosse sperimentato e provato l'esatta dose del veleno necessario per ottenere il risultato desiderato? - Alla Croce Gesù prega il 22. salmo dei padri d'Israele, secondo la tradizione la parte più lunga a voce bassa, mormorando in tono liturgico e quindi incomprensibile, ma sequenze decisive ad alta voce e con chiarezza, sopratutto la fine del salmo: '...Padre! é stato compiuto'.

Di repente, e subito dopo il consumo del liquido, si sente Gesû gridare con voce stridula: "Mio Dio, mio Dio! Perchè mi hai abbandonato?" Qui si tratta di un grido scandaloso per la tradizione cristiana che nessuno avrebbe mai osato di inventare. E la ecclesia aveva in tutti i tempi grandi problemi con questa chiamata disperata dalla Croce che risuona attraverso tutti i secoli passati. Non c'é dubbio, la tradizione é genuina. Ed in qualunque modo si sia tentato di interpretare, modificare, smorzare ed esplicare questo urlo di orrore disperato, il senso ne rimase invariato: é la resa, la sconfitta, la più profonda rassegnazione: Dio ha abbandonato la sua propria effigie in terra, non ha mosso mano per salvare il Figlio. La auto-interpretazione di Gesù era un grave errore, a quanto sembrava, ed egli fu con buone ragioni inchiodato come falso profeta e seduttore religioso del suo popolo, seconda la sentenza del Synedrio. Gesù é annientato. Apparentemente.

Egli sapeva comunque dai preparativi intrapresi per il suo salvataggio. Ma la situazione appare senza ogni speranza in modo così fatale che egli stesso non crede più nel miracolo sperato. E giudicando dai suoi atti ed attitudini precedenti possiamo pensare che egli avesse, sin dal principio, i suoi gravi dubbi sull'efficienza dei preparativi intrapresi dai suoi amici e sostenitori.

Mentre vediamo Giuseppe di Arimathia correre dal procuratore romano, Pontio Pilato, e questi mandare un centurione a Golgotha per farsi assicurare che Gesù impiccato fosse veramente già morto -il cammino da Golgotha fino alla fortezza Antonia accanto al Gran Tempio era di circa 10-15 minuti soltanto-, Nicodemo tenta di convincere l'ufficiale militare romano, Longhinus con nome, che era il responsabile delle esecuzioni su Golgotha che Gesù é, effettivamente, morto. Gli viene creduto tanto più che egli puô provarsi medico di mestiere e consigliere al Synedrio e chè nessuno lo sospetta aderente segreto di Gesù. Malgrado tutto ciò: il luogo-tenente romano deve avere assoluta certezza, altrimenti rischiava la sua propria vita. In presenza del centurione romano, inviatogli da Pilato e che deve certificare la morte di Gesù, Longhinus spinge con la sua lunga e snella lancia nel lato destro di Gesù - non dalla parte del cuore, tra le costole 5 e 6. Risulta in un taglio di circa 10 cm di larghezza dal quale sorge, immediatamente, sangue ed acqua, come riportato nel vangelo di Giovanni. Egli era, in questo momento, circa 20 anni di età ed, evidentemente, testimone occulare. Da quanto risulta dalle ricerche odierne, il romano aveva colpito un oedema (una specie di bolla-ulcera) che era piena d'acqua, senza causare ferita profonda interna. Nessun organo vitale fu colpito, e Gesû non ha più reagito minimamente e pendeva immobile al patibolo. In seguito, Pilato concedette la deposizione dalla Croce. Anche Pilato non poteva rischiare nessun errore di governo o sentenza erronea benchè egli aveva la riputazione di azioni sanguinose contro i Giudei, perchè si trovava, in quell'epoca, privo della protezione di Roma del suo superiore ed amico antisemitico Sejanus che aveva governato Roma nelle veci di Tiberio imperatore, da lui esiliato a Capri e chi, nel frattempo, era riuscito a fare arrestare Sejanus e di giustiziarlo. Questa circostanza spiega la evidente riluttanza e prudenza di Pilato nel caso Gesù, circostanza che le prime comunità cristiane e la chiesa più tardi hanno, erroneamente, interpretato nella letteratura e nei vangeli come atteggiamento pro-cristiano che Pilato ben certo non aveva.

*

12. Cristo - Sepolto vivo

Gesù sarà stato deposto dalla Croce all'11ma ora antica, cioè verso le ore 17.00 h. Solo a pochi centinaia di metri si trovava, come per caso, pronto un sepolcro in un giardino privato appartenente a Giuseppe di Arimathia, com'é riportato nei vangeli. Ciò fa pensare. Un luogo sepolcrale provvisorio, su terreno privato, vuole dire non accessibile al pubblico, nè per le donne del seguito di Gesù, nè per i discepoli. Un nascondiglio ideale quindi nell'immediata vicinanza della collina delle esecuzioni, quest'ultima pubblicamente nota e quindi prevedibile anche nel caso di Gesù. il suo corpo fu portato lì. Le scritture raccontano che le donne portarono ca 50 libra di unguenti, di mirra, di aloe ed un tessuto molto costoso (la nostra Santa Sindone). Tutto questo materiale non si poteva comprare d'imprevisto, in pomeriggio, poche ore prima dell'inizio delle grandi festività e sacrifici d'innumerevoli animali al Gran Tempio, ma dovettero essere procurati già giorni prima. Gesù non fu per niente trattato di morto, appena fuori vista della soldatesca romana e del pubblico, ma come una persona gravemente ferita.

Il suo corpo fu trattato ed unto con spessi strati di unguente di aloe e concentrati di mirra - i quali vengono ancora oggi usati per la loro efficienza antisettica e cicatrizzante -, bendato rigidamente per conservare il calore del corpo, e la testa fu appoggiata su un oggetto elevato, per evitare un'eventuale asfissione dei polmoni, causa di sangue fluente dalla testa. Sul suo viso si premeva un tessuto imbevuto in canfora, per animare la respirazione. In seguito si chiuse la tomba con una grossa pietra tagliata in forma di disco. - E qui non si può escludere che un giovane assistente, vestito di bianco al modo degli Esseni, si rinchiudeva dentro nella tomba per continuare la cura terapeutica di Cristo per poi, nelle prime ore all'alba di domenica notte, quando Gesù avesse riguadagnato coscienza, spingere la grande pietra discale dall'interno e così cacciare in fuga dallo sgomento eventuali guardie della tomba, ancora presenti all'esterno.

Certo é che la tunica di Cristo, oggi chiamata la Santa Sindone, é stata frattanto esaminata ed accettata come genu-ina, sia dalla NASA, sia dal Vaticano. Dopo di avere giudicata questa Sindone come una falsificazione medievale nel 1988, la Chiesa cattolica revisionò ufficialmente questo suo giudizio sbagliato nel febbraio del 1991, poichè gli esami etichettati scientifici lasciarano aperti considerevoli dubbi, ed il Vaticano riconobbe la Santa Sindone di Torino come vera e genuina reliquia. Si tratta in effetti dello stesso lenzuolo nel quale il corpo di Cristo era stato avvolto e ch é, ancora oggi visibile e fotografabile, macciato di tracce di sangue, fuoruscito dal corpo lesionato di Cristo nella tomba, dopo la deposizione. Con ciò accertato, é ancora provata una debolissima attività del cuore poichè, come ben sì sa, una salma non sanguina più. Con questo concorda la legge ebraica che con l'inizio del Sabbat - ed era il caso qui - un giudeo credente non doveva mai toccare veva mai toccare un morto - il chè queste persone aiutanti avrebbero dovuto fare, se si fosse davvero trattato di un cadavere. E evidente, che le cure terapeutiche delle ferite ed il bandaggio avvennero, senza dubbio, ancora dopo il tramonto del sole che marcava l'inizio dello Sabbat.

*

13. La grande Sfida al Patibulum della Croce

Non c'é dubbio: Gesù Cristo ha sopravissuto la Croce in modo miracoloso ed inaspettato, grazie all'aiuto del Padre in cielo - oppure grazie a lui stesso? In concordanza con le profezie delle Sacre Scritture. E come egli lo aveva tanto desiderato. E stato salvato e riportato nella vita di prima e cosi riconfermato, anche se con un gesto di ammonimento da parte di Dio per lo stravagante metodo di provocazione alla Croce.

Gesù di Nazareth aveva promesso l'imminente discesa del Regno Celeste di Dio su terra, ma gli anni passarano, e nulla accadde. La presenza militare romana nel paese era più forte che mai. La pressione delle aspettative riguardanti la venuta, o la rivelazione del promesso Messia, o Figlio di Dio, cresceva da giorno in giorno. Gesù si vedeva sempre più costretto di agire verso una decisione se non voleva lasciarsi spegnere l'entusiasmo e la convinzione dei suoi discepoli ed aderenti. Sempre più, una drammatica culminazione si profilava, addirittura inevitabile e necessaria. Cristo si presentò alla Croce ad una battaglia apocalittica che egli, apparentemente, perse. Ma egli in fine vinse, grazie al suo piano preparativo geniale, all'auto-tradimento di Giuda in Getsemane, l'ottenimento abilissimo della sentenza di morte in seguito al suo uso della sacra formula teofanica, la scelta dell'ora esatta per la crocifissione, la somministrazione della bibita narcotica nella spugna, al momento opportuno, la quasi immediata deposizione dalla Croce, la portata in salvo del suo corpo da mani amiche e la cura intensa delle sue ferite.

La sua preghiera ardente era stata esaudita. Ma c'era anche in giuoco molta fortuna perchè egli sfiorò la morte davvero. Tante cose potevano facilmente prendere un' altra piega. Fasi particolarmente critiche erano l'imprevedibile negazione di Pontio Pilato di giudicare il caso Gesù, la non calcolata idea di Pilato di mandare il prigioniero dal rè Erode-Antipas, Tetrarca di Galilea, anche lui presente a Gerusalemme, la liberazione per amnistia di Barrabas in sua vece, la caduta sulla guancia in Via Dolorosa con le braccia legate al patibulum e la conseguente rottura dell'osso nasale, grande handicap supplementare per la respirazione sulla Croce, la puntata della lancia nel suo torace dal lato 'sbagliato', e lo scetticismo di Pilato sulla morte ante tempo di Gesù. Finalmente, un'infezione purulenta od altre complicazioni potevano facilmente subentrare. Cristo aveva considerato tutto ciò, e quindi giu-dicato, a giusto titolo, le sue proprie probabilità di sopra-vivenza assolutamente minime. Questo risulta chiaramente dal suo comportamento: addio per sempre dai suoi discepoli all'ultima cena, l'affidamento di sua madre Maria al giovane discepolo Giovanni, detto il 'preferito', all'ultimo momento dall'alto della Croce, il grido disperato finale dal patibulum. -

In questo giorno del venerdì non c'era ancora nessuna menzione di una possibile resurrezione fra due giorni. Ed anche le profezie dei profeti antichi non ne parlavano mai. il lutto delle donne e dei discepoli é genuino. Loro non erano mai ed in nessun momento della tragedia stati presi nella confidenza dei piani segretissimi per il salvataggio di Gesù.

Ma l'opera riesce. Con il valido aiuto di amici del partito segreto dei 'Silenziosi nel paese' che aspettavano altrettanto la discesa del Regno Celeste di Dio su terra, e di simpatizzanti laici dell'ordine Essenico dal Mar Morto e dalla loro ala non fondamentalista. Questi andarano in pubblico vestiti di bianco. Esattamente come Gesù, con un'abito tipo Kaftan non cucito. Probabilmente, essi appartenevano alla setta dei Nazarei (Nezer = Germoglio). Queste persone aiutarono Gesù, poco prima dell'alba di domenica pasquale fuori della tomba provvisoria. In effetti, ancora prima dell'alba, Maria Magdalena appare come prima persona alla tomba - e manca proba-bilmente solo per minuti di diventare testimone oculare della risurrezione di Cristo. I giovani uomini vestiti di bianco (angeli secondo i vangeli) si trovano ancora seduti nell'anticamera del sepolcro poichè non avevano più il tempo di allontanarsi. Gesù aveva appena lasciato il luogo sepolcrale,tentato i primi passi in que sto cimitero-giardino quando egli pure fu sorpreso dall' improvviso arrivo di Maria. Nel più antico vanglo secondo Marco, non é più questione di guardie della tomba in questa fase. Il corpo di Gesù é coperto di ferite dappertutto, ma nessuna di esse é fatale. Egli é comple-tamente avvolto in una lunga roba-mantello, capo coperto con un berretto-conico tipo cappuccio poichè deve scomparire senza che le sue ferite in faccia, alle mani, ai piedi, vengano scoperte. Uno di questi giovani seduti nella tomba rivolgeva le seguenti enigmatiche parole alla Magdalena: "Perchè tu cerchi tra i morti colui che si trova tra i viventi? - Non é qui; é risorto!" (Quid quaeretis viventem cum mortuis? - Non est hic, sed surrexit!). - Anche Maria Magdalena non lo riconosce finquando il Maestro la chiama: "Miriam!" - Allora lei riconosce la voce e risponde: "Rabbuni!" - e si inginocchia davanti a lui per abbracciare le sue gambe. Ma lui la respinge: "Non mi toccare! - Ancora non sono asceso al mio Padre!"

Dopo 42 colpi di flagello il suo corpo é un'unica ferita, ogni contatto cutaneo é estremamente doloroso. Questo é subito comprensibile. Ma cosa significa la strana spiegazione? - Anche Gesù é alquanto sorpreso e confuso. Egli ha appena realizzato che é ancora in vita ma ignora il perchè, soffre di uno shoc traumatico, e si comincia a chiedere: perchè? Aspetta forse ancora la trasfigurazione del suo corpo che gli permetta di ascendere al Padre? Tutta la scena stà per indicare che Maria Magdalena, inamorata del Maestro, aveva sin dalla deposizione dalla Croce un presentimento che ci doveva essere ancora speranza e che lei era arrivata per tale motivo tanto presto alla tomba, e da sola, e che rimase costernata di trovare la tomba vuota - ed aperta! - giacchè era quasi certa che questo sepolcro apparente non ospitava una salma. Gesù, per la sua parte, non aveva per niente più sperato di sopravivere dopo tutte le tremende torture inflittegli e stava per rendersi alla sua sorte visto che Dio non interveniva in tempo utile in suo favore per salvarlo dalla Croce. Ed in questo momento non può ancora comprendere l'accaduto e quale sia la volontà del Padre nei suoi confronti.

Che Gesù ha sopravissuto la Croce é oggi un fatto generalmente accettato in circoli inerenti scientifici, incluso il Vaticano. A parte dei fatti e correlazioni già esposti, esiste la famosa Santa Sindone di Torino, nella quale fu avvolto il corpo di Cristo immediatamente dopo la deposizione dalla Croce. La Sindone mostra molte macchie di sangue delle quali sono ancora visibili gli aloni di siero. Il supremo istituto americano dello spazio, la NASA, si é intensamente occupata di esami di queste macchie rossiccio-ruggine ed ha comunicato, dopo due anni di ricerche: Queste macchie sono sangue umano, del raro gruppo AB, niente colori, niente chimici, niente ossidi, nessuna falsificazione di un pittore medievale presunto. Sangue! il sangue di Cristo, poichè la Santa Sindone mostra con meticolosa esattezza quelle ferite ufficialmente riportate nei vangeli: le ferite causate dalla corona di spine, quella causata dalla puntata di lancia nel torace, i 2x21 colpi di flagello su dorso e gambe, la gonfiata quancia destra, l'osso nasale rotto dalla caduta in Via Dolorosa, le gravi scorticature sulla spalla sinistra derivanti dal grezzo legno del patibulum. Tutto ciò é là. In più, tutta l'impronta di un uomo della statura di 1,83 m. Un corpo apparentemente impeccabile. Con un viso cui tratti non si dimentica, con capello rossiccio-biondo in testa e barba, ordinatamente diviso con riga in mezzo. Occhi azzuri (!), uno strano timbro di voce, tratti miti, degni, autorevoli, esprimendo capacità di entrambo: lacrime ed ira, con un particolare carisma di intelligenza suprema e di compassione - sono caratteristiche che troviamo riportate nella lunga storica tradizione, ed in gran parte confermate in questo sacro lenzuolo, nella più pregiata reliquia del Cristianesimo.

*

14. La Santa Sindone di Torino - il Mandilion

Un viso che rideva mai, una bocca dalla quale sorgevano parole di infinità bontà, ma anche aspre prediche biasimanti (secondo un rapporto del legato romano in Syria, di nome Lentulus). Il sangue nella Sindone prova che l'attività del cuore non aveva del tutto cessato, neanche nella tomba, poichè un morto non sanguina più, oppure grumoso dopo avvenuta coagulazione. Mai prova anche che Gesù non era morto dalle conseguenze della crocifissione, giacchè lo incontriamo anche dopo in varie occasioni, fino a Damasco, circa 1,5 anni dopo il Calvario.Quindi,il quesito diventa inevitabile: Se Gesù non era né mancato, né asceso ai cieli - e presupposto per un momento di condividere l'opinione delle antiche chiese cristiane dei Nestoriani, dei Caldeei, degli Armeni e della chiesa Syriaca che tutte sapevono che Cristo aveva sopravissuto la Croce - dove e quando egli era realmente defunto, e cosa ha mai ancora raggiunto e compiuto in una seconda, lunga e continuata vita ridatagli dal Padre?

La Santa Sindone é stata dichiarata dal Vaticano, nell'anno 1988, come falsificazione dal Medio Evo dopo che era stata esaminata chimicamente con il famoso radio-carbon test C-14 su minimi frammenti del lenzuolo di lino in laboratori specializati in Arizona, a Cambridge, ed a Zurigo. Tutti luoghi - in paesi protestanti. E stato trovato da un gremio illustre che si tratta di materiale tessuto nella Francia del 12esimo secolo. Tale risultato risolveva un grosso problema per la chiesa di Roma - ci si poteva sbarazzare di una scottante questione molto incomoda per l'intero Cristianesimo. Ma sfortunatamente per la santa chiesa, non la Sindone era provata una falsa reliquia - ma i campioni di tessuto esaminati! Esami che tennero luogo esclusivamente in ambienti evangelici, e che erano anche stati richiesti solo da essi. E si dovette ammettere che i campioni di tessuto messi a disposizione dei tre laboratori universitari per gli esami al radio-carbon - erano pezzetti di rammendo di lino tirati fuori dalle bordure della Santa Sindone e che questi erano stati applicati, nel 12esimo secolo, da suore del monastero di Lirey al nord della Francia, luogo di nascondiglio, per riparare tratti fortemente usurati dal toccare dei fedeli in occasione delle esposizioni in pubblico del sacro lenzuolo.

Si impone la impressione che l'inganno dello scambiato invio dei campioni non era stato operato inarbitrariamente. il Vaticano ad ogni modo rivocava in febbraio 1991 il suo sbagliato verdetto sulla Sindone dell'anno 1988, dopo di chè una serie di professori scientifici e specialisati in sindologia pubblicarono tali fatti, ed accusarono la chiesa di grossa frode. La chiesa confermava esplicitamente l'autenticità della Santa Sindone come lenzuolo funerario di Cristo che continua essere salvaguardato in una capella del duomo di Torino. Questa Sindone fu ottenuta definitivamente in proprietà del Vaticano da Papa Giovanni Paolo II, dopo un volo apostolico a Lisbona nel 1983, in visita al ex rè d'Italia morente, Umberto II che era stato, per la casa reale di Savoia, l'ereditario proprietario della Sindone e che, in fin di vita, la cedette al Papato.

E perchè sangue, e non prodotti chimici, oppure ossidi di colori?

Un esperimento che fu applicato direttamente sul lenzuolo era la così detta 'analisi spettrale di fluorescenza raggi-x', che finalmente permise di determinare che le presunte macchie di sangue erano r e a l m e n t e sangue. Una parte della Sindone fu, in tale occasione e per breve tempo, esposta ad un'alta dosi di raggi-x che fece, a sua volta, raggiare il tessuto - che comminciò a fluorescenziare. Poichè ogni molecula emane fluorescenza sotto influenza di alta quantità di energia in un suo modo determinato, si può ottenere la struttura atomica del materiale esposto in comparazione con una gamma di spettri di fluorescenza nota per ogni tipo di materie. Le macchie mostrarano formidabili quantità dell'elemento ferro. Ma ferro é una delle sostanze principale del sangue.

Una precipitata supposizione del chimico americano Dr.W.-McCrone, che tale circostanza potrebbe indicare la presenza di ossidi ferrosi di colori - i quali venivono però in uso soltanto con il 14esimo secolo - fu rapidamente contro-provato da un'altro esperimento, trattando particoli del lenzuolo con vapori di hydrazina e di acido formico per irradiarli poi con luce ultravioletta. In questo modo, molecule di porfirina brillano in rosso. La porfirina si presenta in una fase della formazione di emo e viene considerato come la più sicura prova della presenza di sangue, anche se l'emo stesso fosse stato distrutto dall'azione del calore.

Dopo la prova definitiva degli esperti della NASA che le deboli e insulse macchie in rosa sulla Sindone erano realmente sangue umano, del gruppo di sangue AB, il problema di un'eventuale falsificazione durante il Medio Evo era, in fondo, risolto. Poichè sorgerebbe la domanda: quale pittore o artista avrebbe, voluto o potuto, dipingere un'uomo nudo, davanti e dal dietro, in una linea, teste toccanti e dai lati inversi e che avrebbe usato, per marcare le ferite, genuino sangue, non solo sangue vivo da uomo? L'unica questione che rimase era questa: In quale secolo un uomo torturato con le ferite esatte riportate da Cristo fu involto in questa tunica? E per tale scopo, la reale età di questo tessuto dovette essere stabilito.

Gli esami scientifici anteriori al centro della Sindone indicarano chiaramente la epoca del Nuovo Testamento. Per una parte, la tunica é tessuta in una maniera detta 'spina-pesce' molto rara che però era abbastanza tipica per la Syria all'epoca di Gesù. Quest'arte di tessitura era mai conosciuta nell'Europa medievale. Per l'altra parte, grandi quantità di pollini furono in seguito trovate e provate nel lenzuolo, che originavono di piante esistenti, fino ad oggi, solo in Palestina ed in Turchìa, ed i quali corrispondono esattamente alla rotta di viaggio della Sindone, oggi ben accertata.

La sicura datazione della tunica mediante il test C-14 radiocarbon era ancora mancante fino al 1987 poichè troppo materiale del tessuto avrebbe dovuto essere sacrificato pe le prove. In fine, fu sviluppato un metodo avanzato per questo C-14 test per il quale bastavano pochi fili. Ma, questi fili esaminati originavano, come già detto, da rammendi latterali medievali al lenzuolo - il chè faceva di questi esami una farsa.

La prossima questione che si poneva era: in quale modo si verificò, poi, questa incredibile visibile impronta del corpo intero e dela faccia nella Santa Sindone?

Alcuni ricercatori sindologici condividero l'opinione che la impronta nel tessuto poteva essere il risultato di raggiamento soprannaturale in quanto che il corpo di Gesù sarebbe stato esposto, al preciso momento della risurrezione, ad una sorgente di energia soprapotente il chè avrebbe letteralmente 'bruciato' il ritratto del viso e del corpo intero nella Sindone. Ma sinchè i bordi marcanti il corpo sul lenzuolo non presentono il minimo effetto fluorescente, bisogna - un pò purtroppo -, scartare l'ipotesi della formazione dell'impronta per effetto di raggi di calore. Inoltre, ogni tipo di raggi di alta energia avrebbe, senza dubbio nessuno, penetrato la sottile tessitura completamente. Ma l'impronta corporale si delinea unicamente sulla superficie delle fibre del tessuto.

Ma, com'è poi si é potuto formare quest'immagine?

In risposta a questa domanda sono state sviluppate ipotesi in numero considerevole, sin dalla prima scoperta del fenomeno fotografico negativo-positivo da un Signor Secondo Pia in 1898, - ma appartengono di più o meno al regno delle fantasie.

Ulteriori sperimenti hanno mostrato però che esistono anche modi semplici, logici e naturali, per ottenere riproduzioni di immagini che possano corrispondere a quelle visibili nella Santa Sindone.

I risultati dagli sperimenti condotti da esperti americani mostrano che i valori scuri di color seppia nell'immagine sindonicale sono stati causati da un'alterazione della struttura chimica della cellulosa del lino. Negli sperimenti in laboratorio si é riusciti ad ottenere similari gradazioni di colorificazione, riducendo la cellulosa di lino sotto influenza di prodotti di ossidazione. Le immagini creati dai processi di ossidazione diventono persino più chiare e nette nel corso del tempo e con il processo di invecchiamento.

Già nell'anno 1924, il professore francese in biologia, Paul Vignon, aveva ottenuto risultati formidabili con i suoi sperimenti con la così detta teoria di 'vaporografica'. Vignon ha provato che un corpo traspirante messo in contatto con un tessuto di lino, il quale é trattato con una miscela di olio leggero e di tintura di aloe (aloe medicinalis) ed imbevuto, si può ottenere similari decolorazioni come viste nella Sindone, in seguito alla decomposizione di elementi chimici del sudore, in vapori ammoniaciche operano un processo di ossidazione nella cellulosa. Questa colorazione é più forte dove il tessuto tocca il corpo, e diventa più debole con la distanza tra lino e corpo. Questo fenomeno spiega pefetta-mente perchè la riproduzione dell'immagine corrisponde ad un negativo fotografico. Vignon dichiarava che le riproduzioni erano state causate principalmente dai vapori ammoniaci i quali furono liberati dal corpo con la evaporazione di acido-urico zolforoso, da un corpo in stato febbrile. La soluzione di aloe e mirra imbevuti nel tessuto avrebbe reagito con tali evaporazioni,formando ammonio-carbonati i cui vapori avrebbero decolorato le fibre del tessuto, nell'ambiente umido tra pelle e lino, con diretta proportionalità al contatto con il corpo.

La colorazione pronunciatamente più scura delle macchie di sangue deriva da una reazione chimica più intensa. il fatto chè, in occasione del presunto funerale di Gesù, é stato adoperato una ingente quantità di aloe, ci é riportato nel vangelo di Giovanni: ...Ora lui (Giuseppe di Arimathia) andava e deponeva il corpo (dalla Croce). Ma anche Nicodemus che era venuto una prima volta di notte ed in segreto da Gesù, arrivava e portava una miscela di mirry ed aloe, circa cento libbra (circa 40 chili!). 'Presero allora il corpo di Gesù e lo avvolsero, con tutte queste spezie, in bendaggi di lino come si suole dagli ebrei per i funerali' (Giovanni 19,38-40).

Gli argomenti del professor Vignon, di per sè molto convincenti, incontrarono, nell'anno 1933, critiche violente, poichè i sali e minerali corporei, e il calore necessario per tale reazione chimica da causare l'evaporazione proposta, non avrebbero mai potuto essere presenti in concentrazione necessaria in un cadavere. Ma era stato comunque provato che semplici miscele di aloe-mirry erano in grado di produrre, in un ambiente umido e di moderata temperatura, indelibili impronte su tessuto. Ulteriori sperimenti mostravano che persino periodi brevissimi di solo 45 secondi di azione sul tessuto crearono già deboli impronte le quali, sul negativo fotografico, davano immagini in positivo alquanto nitide. Tramite la creazione di tali impronte in riproduzione con questo metodo vaporo-grafico, si potrebbe anche porre fine a tutte le altre speculazioni. Ma - ed é questo il contro-argomento della Santa Chiesa - defunti ebreici dovevono essere invariabilmente lavati prima dell'interramento e che quindi macchie di sangue non erano affatto possibili. E sopratutto: Cadaveri non traspirano e non possono emanare calore! - Ma poichè le impronte sono là, non smentibili, senza prò e contra, ne deriva che in quella anticamera della tomba accanto a Golgotta era stato posto un corpo ancora vivente e quindi con temperatura corporea, e traspirante nel lenzuolo-tunica, ove si dovette constatare persino una temperatura corporea assai elevata causa dell'intossicazione (dal liquido nella spugna), e dell'inizio di febbri infettosi che aumentavano ancora l'emanazione di sudore.

Ne segue un'inevitabile consequenza, cioè

GESÛ FU POSTO ANCORA IN VITA IN UN SEPOLCRO PRESUNTO

Esaminiamo finalmente tutti quei fattori che parlano per la genuinità della Santa Sindone di Torino:

1) - L'esistenza di una biografia di viaggio senza lacune della sindone di Cristo, cominciando alla domenica mattina della resurrezione di Passah a Gerusalemme con la citazione nel vangelo apòcrifo degli Ebrei: '...e poi egli (Gesù) andò da suo fratello maggiore, Giacoppo chiamato 'il Giusto', dopo di avere consegnato la sua sindone al 'servitore del sacerdote'. (stazioni: Damasco, Edessa, Costantinopolis fino al 1204 post, Besançon (Francia), Lirey sur Troyes (Francia), Cornwall (Inghilterra) durante la guerra dei cent'anni, Chambéry (Francia), Torino (Italia).

2) - La manufattura rara del tessuto: Trattasi di un tessuto di lino in un 'Köper/Twill' di legatura eccezionale e costosa in rapporto 3:1, vuole dire che sotto i fili-catena verticali si trovano, ogni volta, tre fili-scatto orizzontali. Una così avanzata tecnica di tessitura non é stato trovata in Europa in nessuna parte prima del 16esimo secolo, ed era sempre poco frequente.

3) - La scoperta di granelli di pollini nel lenzuolo di 58 specie di piante di cui solamente 17 sono oriundi in Francia ed Italia dove la sindone fu conservata con certezza sin dal 14esimo secolo. Tutte le altre specie sono di origine dal Medio Oriente, alcuni dalla Turchia, ma non meno di 44 specie sono tipici della flora del centro di Palestina e della Syria. Molti di essi sono alofitici e possono crescere solo in suoli desertici e molto salati.

4) - La prova definitiva della NASA e della scienza medica di sangue umano, gruppo AB, nella sindone, senza qualsiasi traccia di colori, da prodotti chimici oppure di ossidazione, ecc. In più la scoperta significativa che in base agli aloni di sero attorno alle macchie sanguinee é accertata la fuoruscita

di sangue vivente, non da morto. Il corpo di Gesù veniva in contatto con la sindone, però soltanto dopo il decesso e la deposizione dalla Croce.

5) - La mancanza di ogni traccia di decomposizione del corpo nella sindone dopo comunque circa 36 ore di stretto contatto dei tessuti con la presunta salma. L'irrigidamento mortuario non avrebbe, senza dubbio, permesso di fare entrare Gesù con le braccia tese dalla Croce nella stretta apertura della tomba nel giardino senza sganciare le articolazioni nelle spalle e di incrociare le braccia sull'addome prima dell'avvolgimento, come é successo e come lo dimostra la impronta nella tunica. Questo stato catalettico inizia, abitualmente, 1-2 ore dopo il decesso, ma in corpi stressati (insonnia, tortura) spesso già dopo 15-20 minuti.

6) - La corrosione delle punte delle fibre del tessuto tramite reazione chimica di myrra ed aloe, con acido-urico (formazione di ammoniaca) per fuoruscita dai pori della pelle, abbinato a sudore e calore corporei. Tutto questo era imitabile nelle prove di laboratorio. Ogni colore avrebbe imbevuto il tessuto, non solo scorciato, come lo era il caso.

7) - In questo modo si ottenne, letteralmente, un foto-negativo, dai lati rovesciati e chiaro e scuro scambiato, circa 1850 anni prima dell'invenzione della fotografia. E soltanto perchè si tratta di un'immagine in negativo, si poteva anche rilevare dal tessuto un ritratto tridimensionale (vedi il vero volto di Cristo sulla copertina), ciò che con un ritratto dipinto sarebbe tecnicamente impossibile.

8) - La tunica poteva essere piegata in un modo da far apparire unicamente il viso di Cristo su un quadrangolo di tessuto. Questo ora venne copiato mille volte nella pittura, circondando, più tardi, questo viso dipinto con una cornice in forma di cerchio ogivale, nella maniera dei ritratti dell'antico mondo greco-romano con i loro medaglioni e busti. Così si sviluppò, in Oriente, l'arte della Icona. E dalla denominazione in latino 'Vera-Icona' (icona genuina) risultò la narrazione del suddario della 'Ver-onica'.

9) - Questo ritratto del volto di Gesù era conosciuto nelle anti-

che comunità cristiane. Senza dubbio, la fatale decisione della deificazione di Cristo al concilio di Nicea, nel 325 post, sotto l'imperatore romano Costantino il Grande era fortemente influenzata dall'esistenza di questo incredibile ed indescri-vibile ritratto (Mandilion). Giàcchè chi altro se non Dio in persona é in grado di lasciare impresso, nel suo lenzuolo mortuario, la impronta del viso e del corpo intero come ricordanza per l'umanità della sua divina presenza su terra tra di noi?

10) - Facit: Nella sindone di Torino si trovò un torturato, non morto, chè era stato crocifisso qualche 1950 anni fà, di fatti un'uomo della statura di 1,83 m ed attorno ai 40 anni di età che presentava tutte quelle ferite menzionate nella tradizione del nostro Nuovo Testamento, ed in più alcune delle quali non si sapeva nulla fino ad oggi.

11) - La tunica torinese mostra una serie di impronte di ferite, una volta sanguinanti, che non sono riportate nei vangeli od altrove e che da nessuna persona potevano essere sapute, dall'anno 32 post, fino al 20esimo secolo:

a) - Il setto nasale rotto che avrà fortemente handicappato la respirazione sulla Croce e che sarà stato co-responsabile dell'avvenuto collasso ante-tempo;

b) - La guanca destra del volto gonfiata dalla caduta sul selciato di Via Dolorosa, con le braccia legate al patibulum, ed altre ferite in faccia dovute a colpi ricevuti;

c) - Le gravi scorticature sulla spalla sinistra che erano state causate dalla frizione del crudo legno del patibulum (trave orizzontale della croce), legato dietro la nuca e fissato alle braccia stese, e dalla così avvenuta caduta non frenata dalle mani. E stato comunque proposto che tali ferite, ben visibili nel lenzuolo, potevano derivare dalla fuoruscita della punta della lancia del colpo che gli era stato inflitto al lato destra del torace, tra la 5. e 6. costola. Questo non fà senso. Si sarebbe dovuto scaraventare una punta di lancia per almeno mezzo metro attraverso l'intero torace dell'uomo, da un angolo impossibilmente stretto, visto da terra verso in alto, nè parlare dell'impossibilità di ritirare l'arma attraverso il torace senza causare ferite e deformazioni orribili che il testimone oculare, Giovanni, con certezza ci avrebbe riportato. Lui invece scrive: '...subito dopo il taglio con la punta della lancia c'era fuoruscita di sangue ed aqua dalla ferita'. Quindi una ferita, non una penetrazione.

d) - I colpi di flagello, due volte 21 da sinistra e da destra, sul dorso e sulle gambe, che appaiono nella sindone. Nessuno ha mai saputo prima il numero esatto di questi colpi di flagelli.

e) - La direzione della corsa del sangue nel tessuto che ci indica che prima fu tolto il braccio sinistra, poi quello destra, schiodati dalla Croce. E chè le ferite alla pelle cranica, causate dalla corona-spina, cominciarono a sanguinare solo dopo la desposizione dalla Croce, quindi ...post mortem, ciò chè, in linea di massima, non é più possibile in un cadavere.

f) - La mancanza totale di ogni segno di decomposizione, putrefazione o perdita di liquidi altri che sangue. E questo comunque dopo un contatto stretto con il corpo di quasi 36 ore.

g) - La scoperta delle due monete di Pilato, oggi discernibili come deboli impronte fotografiche (negative!), grazie alla modernissima tecnologia odierna, le quali furono apposte sulle palpebra di Cristo in'occasione della sua apparente sepoltura da persone che ovviamente lo credettero morto (o ne facevano finta?), e che non erano state iniziate nel segreto della sua sopravivenza (le donne?) - mente altri, evidente-mente, lo sapevano meglio...

Persino l'anno della coniatura di queste monete é stato determinato: 29 post, sotto Pontio Pilato, quasi tre anni prima di Golgotha.

*

Si vede: il materiale di comprovazione per la genuinità della Santa Sindone di Torino é schiacciante, e non può essere contradetto in nessun punto. - Riassumiamo infine i principali argomenti contro una supposta falsificazione di questa importantissima reliquia nel Medievo,come lo ha anche riconosciu-

to giusto ed in questo senso la Santa Sede nella sua rivocazi-
one del 1991, di un suo anteriore ed erroneo verdetto dal 1988
che era stato il risultato delle prove di tessuti falsificate e
scambiate:

A) - L'ordine dei Templari di Gerusalemme fù fondato sulla
segretissima conoscenza dell'esistenza della sindone di Cristo e venne in seguito perseguitato dalla chiesa, unita allo
stato francese, fino al suo annientamento totale sotto accusa
di 'venerare il viso di un idolo' - proprio quello del 'mandilion'.
Ciò si verificò attorno agli anni 1310 post.

Ma già nel 1204 post, il cavaliere francese dei Crociati, Robert
de Clary, scopre in'occasione del sacco di Costantinopolis
(oggi Istanbul sul Bosporo), allora capitale dell'impero Romano d'Este, operato dai Veneziani (anch'essi 'cristiani'), nella
capella di Santa Maria di Blacherne, adjacente al palazzo imperiale, la misteriosa ed accuratamente salvaguardata tunica
di Cristo, se ne impadronisce e la rapisce portandola attraverso l'Ungheria in Francia. Questo accadde comunque sempre
ancora 150 anni prima di una presunta produzione di una falsificazione da un pittore.

B) - Solo un pittore o artista malato di mente avebbe potuto
pensare a dipingere, in color grigio, in modo foto-negativo,
vuole dire all'inverso, una figura maschile, nua, deformata,
coperta di macchie di sangue e di briciole di sangue coagula-
ta, sopratutto anche in luoghi mai menzionati nei nostri vangeli.

Cosa sarebbe stato richiesto, però, da un'artista immaginario
del 14esimo secolo? Una perfetta conoscenza dell'anatomia
dell'uomo che non era di fatti possibile prima dell'avvento di
Leonardo da Vinci. L'uomo della sindone é riconoscibile soltanto da una distanza di 1-2 metri. Ma un pittore non può dipingere se non vede l'effetto immediato delle sue pennella-
ture. Siccome si dovette dipingere, o meglio imbibere, singoli
fibre di tela dal solo diametro di 10-15 micron, sarebbe stato
necessario un pennello della lunghezza di 1-2 metri, con una
sola setola di zibellino. Questa sarebbe sempre stata ancora
troppo spessa comparato con la fibra di lino, poichè il colore
avrebbe imbevuto il tessuto,come infatti succede con sangue

che scorre. Inoltre, l'artista avrebbe dovuto disporre di un prodotto legante che non conteneva nè olio nè acqua, poichè non si può constatare la minima capillarità. Avrebbe dovuto dipingere con sangue, con sangue vivo e cioè con un microscopio di un focus formidabile onde poter vedere ciò che stava dipingendo. -Tutte queste considerazioni si rife-riscono solo alla riproduzione delle macchie sanguinose e delle tracce di sangue. La situazione riguardante l'impronta dell'immagine del corpo sulla superficie della tela invece, é esattamente contraria. Qui vediamo le fibre di tessuto dap-pertutto solo leggermente corrose alla superficie, causato dalla reazione chimica descritta. In modo analogo, un'artista avrebbe dovuto, come con le macchie del sangue, toccare appena e con grande cautela e da altrettanto grande distanza, e con un pennello di identica finezza, la superficie del tessuto soltanto, per evitare lo sprofondare del colore nelle fibre e nella tunica proprio.

In più, occorrerebbe considerare i limiti del sistema nervoso umano: Nessuno potrebbe mai tenere in mano un pennello o un altro strumento con assoluta immobilità, senza tremare minimamente come sarebbe richiesto per poter appena toccare con colore, dalla distanza menzionata, le sole punte di ogni singola fibrilla. Inoltre, l'artista presunto avrebbe dovuto conoscere il numero esatto delle fibrille a toccare, ed avrebbe dovuto dipingere il tutto a tonalità di colori inversate come in un immagine negativo. Altrimenti, non potremmo oggi ottenere di una tale 'pittura' copie in positivo della figura impronta. Onde marcare le strisce delle flagellazioni, sarebbeo occorso albumina di sero. Ma quest'ultima diventa visibile soltanto sotto luce ultravioletta. D'altronde, partendo dall'ipo-tesi che l'impronta fosse risultata da ossidazione (da prodotti chimici), si sarebbe dovuto dipingere con una componente di acido solforico, il chè avrebbe portato alla distruzione delle setole ed alla corrosione del tessuto.

La supposizione diventa ormai certezza: Non possiamo più evitare di riconoscere la GENUINITÂ della Santa Sindone. Questo però significa, in ultima ratio, chè Cristo ha, definitivamente, sopravissuto la Croce. E se così é - la storia attorno a Gesù deve necessariamente avere una continuazione. Nei prossimi capitoli ne faremo cenno, e verranno spiegate interamente, sia nella trilogia 'CRISTO-Cosa all'inizio fù', di tre volumi di narrazione drammatica, sia nel libro delle prove 'CRISTO-Vinse la Croce?', a disposizione in traduzione italiana non prima dell'anno 2010.

Con questa correzione della storia, una sorpresa marcante per il mondo cristiano che finora era fissato sul troppo stretto limite dei soli quattro vangeli prescelti dalla chiesa, della storia apostolica di Luca e delle lettere di San Paolo, diventa inevitabile. Questo avrà senza dubbio anche un effetto chiarificante e libererà il cristianesimo - finalmente - da quell'incubo e da quei dubbi di sempre sulle strane occorrenze in quella lontana mattinata pasquale ad una tomba vicina al calvario, circa due mila anni fa, e che ha impedito, ed ora lo permetterà, alla Santa Chiesa da uscire dalle scarpe da bimbi, vuol dire della troppo lunga fase di pubertà - e di diventare, finalmente, davvero adulta.

*

15.Geniale re-interpretazione della Croce da S.Paolo

La apparente interpretazione erronea degli avvenimenti attorno alla crocifissione da S. Paolo era, allo stesso tempo, un capolavoro della storia spirituale religiosa. E stato S.Paolo diffatti che accese in pieno il fuoco della fiamma che Cristo era venuto nel mondo ad accendere. Paolo doveva sapere per certo, dopo i personali incontri con Cristo risorto a Damasco che questi non era andato alla Croce per morire di penitenza per i peccati di tutta l'umanità. Si tratta qui di tendenze chiaramente ellenistiche che non avevano nulla a che fare con il mondo spirituale ebreo. Ma non era neppure possibile per Paolo di spargere con successo la notizia che egli, Cristo, avrebbe cercato nel dramma di Golgotta a costringere Dio Padre di intervenire miracolosamente in suo favore, ma che tale e disperata impresa era solo un successo parziale. Inoltre non era accertato a quel tempo se Gesù fosse realmente morto o meno, e magari davvero risorto dopo poche ore solo, poichè i criteri per i limiti tra vita e morte erano alquanto meno precisi di oggi. Ai tempi di Gesù, e nel suo paese, si considerava la morte certa per chi non respirava più. Ciò era senza dubbio alcuno il caso per Cristo. La medicina di oggi però sa che una sopravivenza é infatti possibile anche a respirazione cessata e, in casi particolari, persino a battere del cuore cessato. Durante il medio evo, il criterio del cessamento del battito del cuore era considerato morte certa, mentre oggi giorno il decesso é definitivo, in caso di dubbio, solo con la sospensione totale di ogni onda ed attività di correnti elettriche nel nostro cervello (encefalogramma). Non dobbiamo inciam-pare su tali scoperte tecnologiche odierne. Paolo, e con lui anche Gesù, potevano assumere a giusto titolo che la morte era subentrata e che una resurrezione era accaduta. C'era però lo sgradevole difetto che egli, Gesù, era stato spinto di ritornare nella sua vita terrestre, con un corpo dappertutto torturato e ferito, pieno di acuti dolori, anzichè, come egli aveva sperato, trasfigurato e confermato in modo miracoloso dal Padre davanti al mondo nel suo ruolo. Tutt'al più, era anche evidente che Gesù non aveva sognato durante il suo stato di morte apparente, o in profondo coma, nè aveva visto il paradiso, nè aveva sentito fanfare degli angeli, nè udito la voce del Padre che gli avesse, almeno, spiegato il perchè di questi eventi.

Tutto ciò é molto significativo e deve essere letto e rilevato tra le righe dei vangeli - ciò che fino ad oggi ben pochi hanno osato di fare. Allo stesso tempo possiamo immaginare il formidabile dilemma in cui Gesù venne a trovarsi: Egli si era aspettato da Dio un chiaro Sì o No all'auto-interpretazione del suo ruolo su terra ed aveva tentato, con tutta la sua energia, di condurre una vita pia di un santo, di combattere la miseria della gente, di predicare la bontà e la misericordia, e di coprire il nome del Padre con gloria, annunciando e preparando la venuta del Regno Celeste promesso dai profeti. Ed aveva intrapreso tutti i preparativi possibili, per ogni caso, per creare minuziosamente le situazioni necessarie onde per-mettere la realizzazione delle profezie delle sacre scritture, e per renderlo possibile a Dio stesso di confermare lui, in un ruolo o altro, a secondo il piacimento dell'Omnipotente Padre.

*

16.Dio si disimpegna alla Croce - Ma salva Cristo

il Padre non accetta il sacrificio volontario del figlio, ma lo respinge nella realtà della vita terrestre, senza conferirgli la sperata legittimazione. Ancora una volta, Gesù si trova solo e

abbandonato, ed é costretto di farsi rima sul significato dell'-
accaduto e sulla vera volontà del Padre Celeste nei suoi rigu-
ardi. Ed é Paolo che realizza che le profezie delle sacre scritture si erano davvero verificate con Cristo,e che il'Bracciante
Sofferente' (profezie dal libro Henoch) era stato risuscitato in
modo miracoloso da Dio, e che egli si trovava di fronte al vero
Messia.

Erano queste le circostanze che determinarono le basi religiose della resurrezione di Cristo nel mondo cristiano d'occidente, ma questa teologia della salvazione difficilmente origina in
Gesù, ma deve essere considerata come ispirazione geniale
da San Paolo e dei suoi seguaci, come conseguenza della
spontanea esclamazione del giovane Giovanni, disce-polo
prediletto, alla tomba vuota all'alba pasquale: '...il Signo-re é
Risorto!' (et resurrexit tertia die..). E stato San Paolo a con
vertire, più tardi, una grande rassegnazione e minacciosa
sconfitta in una vittoria radiante, grazie all'alterazione del motivo della Croce in senso ellenistico, in un senso insomma che
aveva una profondata probabilità di essere accettata e com-
presa tra i tanti popoli di mentalità a suo tempo greca nel Medio Oriente. Senza quest'unica idea della penitenza alla Croce
del figlio di Dio per tutti i peccati del mondo intero, sarebbe
stato improbabile di diffondere questo insegnamento di una
nuova morale, di una nuova etica di amare il prossimo - e persino il nemico - e della non-violenza, con tanto successo
nell'impero Romano come, difatti, accadde. il suo nuovo insegnamento, il vangelo, aveva ricevuto la degna etichetta ed
un imballaggio esotico e senza paragone.

E dall'imballaggio dipendeva tutto: ad Antiochia, in Lyddia, in
Galatia, a Corinto, ad Efeso e, più tardi, anche a Roma. L'intera storia della chiesa primitiva cristiana é imbevuta da questo
alterato motivo-conducente del Figlio Divino che era morto
per i peccati del mondo intero, poi risorto ed asceso dal Padre
suo nei cieli.

Una nave, una volta rimorchiata fuori dal porto e portata in
alto mare, non ha più bisogno dei rimorchiatori. E venuta da
tempo l'ora di separarsi da sbagliate credenze che hanno impedito, in modo assoluto, l'emancipazione dell'insegna-mento
cristiano. Cristo con certezza non volle sacrificarsi alla Croce

per i 'peccati mundi', ma intese con tutto cuore di trovare la rivelazione dell'ultima verità sulla missione per lui intesa dall'Omnipotente, prima in Giudea, poi tra i popoli di questa terra. Volle inanzitutto la sua legittimazione e conferma visibile a tutti dal Padre stesso per la sua lotta contro l'ingiustizia, la povertà, il dolore, la disperazione, la violenza, e contro le forze sataniche delle tenebri.

Con tale meta colossale doveva per forza fallire, perchè Dio non poteva possibilmente prendere le parti di una sua creatura contro la sua propria ed esplicità volontà dell'ordine mondiale naturale, da lui stesso originato e creato che com-prende anche il male, la notte, la sofferenza - e la violenza. Poichè non solo i cieli, ma anche gli inferni, sono creazioni di Dio. Il giorno condiziona la notte come il cattivo condizioni il buono, ben sapendo che questi ultimi due criteri nella natura non esistono. Travestendo dunque il cattivo in buono, non possiamo più discernere l'uno dall'altro, e cadiamo corren-temente in trappola come vittime del 'cattivo'.

Cristo non potè rompere le divine leggi delle forze del dualismo nel mondo, ma riuscì con il suo tentativo eroico e con l'aiuto delle tattiche Paoline di spostare la significazione di tali sfere per la vita umana verso il lato positivo e di piaz-zare la pietra angolare per un mondo più degno, più sociale, più giusto, meno povero, di meno schiavitù, di più aiuto a vicenda, più festivo e meno torturato di angosce.

*

17. Pentecoste - Intronizzazione senza Rè...

E evidente che si tratta di Gesù di Nazareth, ritornato fisicamente nella sua vecchia vita in terra, che apparse ai discepoli sul cammino verso Emmaus, ed alle rive del lago di Geneza-reth, in Galilea, come menzionato nei rapporti su Cristo, nel Nuovo Testamento. Per le stesse ragioni di completto camuffamento i discepoli poterono difficilmente riconoscere il loro Rabbi nell'oscurità di luce diffusa a candele e torci nel loro nascondiglio in Gerusalemme, e nutrirono dubbi se fosse lui davvero. Ma era proprio lui, presente in carne e ossa! E mentre era ancora riconvalescente e riprendendosi dalla gravissima traumatizzazione di Golgotta, già lo vediamo forgiare nuovi progetti. Prepara la sua emigrazione. Impartisce ai suoi discepoli di nuovo l'ordine del battesimo. Accondiscende alla missione dei suoi nuovi insegnamenti tra i popoli pagani del mondo ellenistico e nei territori dell'impero Romano. Pone la pietra di fondazione della sua chiesa gesuana-ebraica in Gerusalemme. Egli opera il tiraggio a sorte tra i suoi dodici fedeli apostoli per la susseguente missione (dopo 12 anni di soggiorno in Palestina e Gerusalemme) nei vari paesi stranieri e in quale occasione Tomaso tira la destinazione 'India', contro quale sorte si oppone a lungo, per finalmente cedere ed accettare. Promuove Pietro alla testa del suo comune in Gerusalemme. Ottiene la significante modifica dello scopo della festa di Pentecoste (sempre 50 giorni dopo il Passah ebraico) come sacrificio festivo dei primi prodotti della terra (Scha'wuot) in ringraziamento a Dio, e la investe con la simbolica discesa dello Santo Spirito sui capi dei suoi discepoli. Introduce con tale atto la fondazione dell'Ecclesia, della posteriore chiesa cristiana tramite promulgazione dei suoi insegnamenti da Pietro, al nome di Gesù Risorto dalla morte, in molte lingue diverse, come parlate dagli ebrei e dagli ospiti stranieri presenti. Ecco perchè le scritture affermano: '..ed essi, improvvisamente, parlarono in molti idiomi diversi...'.

Cristo non é presente in occasione di questa sua intronizzazione simbolica, nè lo é - significantemente - Maria Magdalena.Ma sono presenti Maria sua madre ed i suoi (semi-) fratelli, quattro in numero, in sua rappresentanza, benchè il loro atteggiamento verso di lui era stasto finora marcato da molto scetticismo prima degli eventi sul calvario. Inanzitutto da parte dei fratelli. Ora, ed onde lasciar fiorire il seminato, Gesù deve abbandonare i territori dominati dai Romani - come oggi sappiamo, per sempre.

*

18. Morto per il mondo ...

Lo fà malvolentieri, di controcuore, perchè é legato profondamente alla sua patria, la bella Gaililea. Ama il suo paese. Al di fuori dell'Egitto,non é mai stato all'estero proprio per periodi prolungati. Ora, si dirige verso Damasco in Syria, città franca e non dominata da Roma, e dove esiste da tempo anche una colonia essena-ebraica. Indi si trattiene nascosto per ca 1,5 anni; gli apocrifici menzionano 560 giorni. Al momento della sua partenza, nella bella scena di addio sul monte degli olivi, di fronte al gran tempio erodiano e le massicce mura di Gerusalemme, egli disse ai suoi discepoli: 'Dove vado ora, non mi potete seguire'. Loro sanno ben certo che egli é ancora in vita, ma con il passar del tempo, poco a poco lo perdono di vista. Ha promesso di ritornare. Tale fu la sua intenzione, non appena la situazione politica si fosse alterata in positivo, o la tensione sostanzialmente diminuita. Ma é ben altro che il destino gli riserva. A Gerusalemme, tutti i segni tendono verso eventi tempestosi imminenti.

Quattro anni dopo la crocifissione, nella medesima primavera dell'anno 36 post, sia Pontio Pilato, sia il presidente del gran Synhedrio, il sommo sacerdotte Giacomo Kaiphas, sono sostituiti e rimossi dalle loro rispettive cariche e funzioni.
*

19.Riposano le ossa di Pilato nella Svizzera interna..

Pilato morì prigioniero a Roma, benchè esista una leggenda secondo la quale fu esiliato in Gallia, a Vienne, a sud di Lione, dove perì. Secoli più tardi, le sue ossa sarebbero state escavate da cristiani (a Roma?) che si sentivano perseguitati dallo spirito fantasma dell'ex procuratore romano in Giudea, e gettati in un piccolo laghetto oscuro in cima al Monte Pilato, vicino a Lucerna odierna, nella Svizzera centrale. Insomma, in una provincia nordica dell'impero Romano, allora disabitata e coperta di fitte foreste. L'ascensione di questa montagna incantata di circa 2500 m, sovrastante con ripidi pendii e pareti rocciose il lago dei Quattro Cantoni, era proibita a pena di morte dalle autorità cattoliche fino alla metà del 19esimo secolo.

Nell'anno 44 post (AD) muore a Giaffa il rè Erode Agrippa I. San Pietro cede la direzione dei comuni ebraico-cristiani a Giacobbe il Giusto, genuino semi-fratello più anziano di Maria e Giuseppe - oppure di cui fratello Clophas.Lui,Pietro, lascia Gerusalemme alla volta di Roma, passando, probabilmente,da

Antiochia e le città elleniche dell'Asia Minore e della Grecia. Nell'anno 62 post (AD) Giacobbe il Giusto, nel frattempo promosso al rango di sommo-sacerdote (reale) al magnifico tempio erodiano di Gerusalemme, viene arrestato, condotto sul tetto del tempio e gettato nella valle di Kidron sottostante, appena fuori delle mura della città, e siccome é riscontrato ancora in vita, viene abbatutto e messo a morte. - La circostanza che il fratello di Gesù, secondo in età, abbia raggiunto la alta carica di supremo sacerdote-rè al tempio, anche se tardivo e con poteri più simbolici che reali, - i Romani continuarono ad occupare la Palestina come usurpatori-, sottolinea con una certa eloquenza la tesi del diritto al trono reale d'Israele, prima di Giovanni Battista, poi di Gesù. Il titolo reale era difatti in gara. La corona delle spine non fu intrecciata per pure capriccio fantasioso, ma con un motivo senz'altro politico e reale.

Cristo non può più mostrarsi al popolo in Giudea poichè fisicamente lesionato e handicappato. Le sue ferite, simboli dell'apparente sconfitta, avrebbero senz'altro avuto un'effetto contraproducente dopo la sua incontestabile rivelazione, poco prima di Golgotha, di essere il Figlio dell'Uomo, o del Padre Celeste addirittura. Dopo il solenne Cenacolo senza la minima allusione o promessa ai suoi discepoli e alla sua famiglia di un possibile ritorno o di una resurrezione dai morti, il suo ambiente di fiducia restava altamente perplesso e sorpreso - e solo con esitazione compiaciuto dalla sua repente riapparizione. Gesù che aveva minuziosamente previsto tutto riguardante la sua progettata esecuzione, non aveva predetto la sua propria sopravivenza malgrado le misure prese per il suo salvamento, perchè doveva temere un possibile tradi-mento antetempo, sia anche inarbitrariamente e per pura negligenza. Considerato questo, si comprende che i discepoli ora stentavano a credere. Mai poi egli riesce a convincerli dalla volontà di Dio e di illustrare loro che gli eventi attorno a lui avveravano letteralmente le grandi profezie del Vecchio Testamento. Non solo loro. Anche i suoi fratelli, quattro in numero che, prima di Golgotha, si tennero da parte. Ora anche loro credono nelle profezie di Gesaia sul Messia, secondo le quali il Divino Bracciante Sofferente dovette sopravivere la ordalia.

*

20. I giorni del destino nell'incontro di Damasco

A Damasco, Cristo prepara la sua segreta emigrazione. Non può più essere attivo di persona nei territori occupati dai Romani, al rischio di un rinnovato arresto con successiva esecuzione, stavolta per bene. Ciò che gli occorre addesso é un'araldo di molti talenti e capacità per la propagazione della Nuova Alleanza con Dio.

A questo punto emerge un certo Saulus il chè, supervisionando la lapidazione del primo martire cristiano della storia, Santo Stefano, rimane profondamente colpito dal contegno dell'im-putato, della sua eloquenza e fedeltà alla sua nuova credenza. E rimane, ovviamente, in qualche modo emozionalmente con-taminato. Sorge in lui il desiderio di conoscere di persona questo straordinario personaggio che é Cristo. Si fa dare dal Synhedrio, supremo consiglio di Gerusalemme, una lettera di accredito, autorizzandolo di cavallcare con un contingente di uomini armati verso Damasco per arrestare il Nazareno che suppone là nascosto. - Ma perchè Damasco, se egli non sapeva a priori di trovare là il misterioso fuggitivo? Sarebbe senz'altro stato più facile dare la caccia ai docici discepoli di Cristo e di perseguitare loro che si trovavano, ancora tutti, nascosti a Gerusalemme.

Saulus, giovane studente di diritto e già membro del Synhedrio, congresso nazione giudaico, con 72 membri consiglieri, aveva in quelle settimane sofferta una sconfitta personale: chiesto in matrimonio la mano di una figlia del supremo sacerdote (Kaiphas?), era stato rifiutato, per ragioni sconosciute. Quindi, gli può essere spuntato l'idea di questa spedizione per tornare le spalle a Gerusalemme per qualche tempo, per attenuare il dolore.

Ma l'incontro appare pre-arrangiato: Gesù é informato dall'arrivo di Saulus. E di nuovo diventiamo testimoni della straordinaria vena drammaturgica di Cristo: non si lascia passivamente cercare e pescare. Si muove incontro al suo persecutore e lo piglia di sorpresa, al bordo della strada, a qualche distanza fuori delle porte di Damasco.

Nel corso degli anni a seguire, Saulus - diventato Paulus - ,descriverà quello stranissimo incontro con il Cristo Risorto in perlomeno quattro versioni differenti. Non é da escludere che a Saulus era stato somministrato una brodaglia, chissà persino da qualcuno del prorpio seguito che era preso in confidenza. In ogni modo, Saulus cade per terra e rimane per vari giorni accecato, dopo avere visto Gesù vestito in un mantello lungo e bianco e dopo avergli parlato. Il Nazareno lo fa condurre in città e lo affida ad un certo Ananias che gli ridarà la vista. Era in giuoco di nuovo il tossico succo della radice-rondine, della bevanda narcotica soma, oppure quella dalla mela di sodomo, assai velenosa, come con Lazzaro, come alla Croce. Oppure un'altra droga? Non doveva Saulus conoscere la località dove fu condotto in città e perdere, temporaneamente, l'orientamento?

Oppure dobbiamo interpretare questa narrazione solo simbolicamente: che Paolo era stato cieco perseguitando le prime comunità ebraico-cristiane a morte, e che fu ora condotto da Cristo sul cammino della giustiza e della vita, ad occhi riaperti? Qualunque sia la verità: a Damasco Saulus incontra il Risorto incarnato ed in vita terrestre, e si converte al suo nuovo insegnamento. Cambia di nome, da Saulus a (San) Paolo, a ciò che é autorizzato, grazie alla sua cittadi-nanza romana, ereditata dal padre. Si dimostra essere il giusto recipiente ed uno strumento ideale per la promulgazione e propagazione delle nuove idee e dottrine nell'ovest. - E qui a Damasco che Cristo riesce, come conseguenza della sua facoltà travolgente di convincere San Paolo, ad ottenere, anche se non subito evidente, un primo tremolio delle fondazioni dell'impero Romano, indebolendolo con il principio fondamentale della non-violenza, che si svelerà una ragione in più per la caduta della Roma imperiale.

*

21. Cristo e Paolo dividono l'Impero Invisibile

Il mondo viene diviso in due sfere per la missione e conquista religiosa. Paolo, brillante oratore, infinitamente più colto degli originali dodici discepoli - con qualche eccezione -,zeloso, tenace sia nel parare pugni, sia nel somministrarneli, ebreo e romano di duplice nazionalità, riuscirà a realizzare ciò che Cristo non avrebbe mai ottenuto, e cioè di salvaguardare, tradere e trasmettere fino a noi le grandi verità dell'estetica cristiana ed il nucleo del famoso Sermone sul Monte.

Per questo dobbiamo gratitudine a Paolo per sempre. Anche se ha tenuto segreto, anche per sempre, dettagli di massima importanza per noi su Cristo Risorto. Anche se ha messo, in netto contrasto all'attitudine di Gesù che era visibilmente positivo verso le gioie di quest'esistenza, catene di un eccessivo puritanismo alla nuova dottrina, arrecando danni considerevoli con il suo atteggiamento dispreggativo verso donna e matrimonio. E anche malgrado che avesse, per le future generazioni fino giù a noi, sostituita la credenza di Cristo ad una credenza in Cristo.

il Nazareno aveva realizzato però chè il suo nascondiglio a Damasco fu scoperto e che quindi questa città non era più sicura per lui. Doveva riprendere dunque la sua fuga. Solo l'est non era dominato da Roma. Solo all'est le antiche Dieci Tribù d'Israele perse nella storia potevano essere ritrovate. E dunque all'est dove dobbiamo cercare le impronte della Seconda Vita del nostro Signore Gesù Cristo.

*

LA SCONOSCIUTA SECONDA VITA DI GESÛ CRISTO

22. Cristo Risorto sul Cammino verso l'Este

Infine, Gesù Cristo ricevette un'invito da parte del rè Ukama IV (detto'il Nero'), da Edessa (oggi all'estremo su-est della Turchia, nel paese dei Curdi), di venire da lui per guarirlo da una insidiosa, ma non definita malattia. il Nazareno gli fece rispondere che egli dovette prima compiere e portare a termine l'incarico per cui era stato mandato (in terra), ma che avrebbe inviato al rè il suo apostolo Taddeus per guarirlo. Questi, effettivamente, intraprese il viaggio - e riuscì ad ottenere una guarigione miracolosa. Cristo Risorto però non poteva mai visitare Edessa giacchè nel frattempo gli emissari di Paolo avevano già sparsa la notizia della morte, resurrezione e conseguente ascensione di Gesù - ed or riapparisse, di persona, in carne e ossa, allo stupore della gente? Questo era nettamente impossibile! Risulta dalle cronache che l'apostolo

San Tomaso ottenne in seguito la cristianizzazione completa del piccolo regno di Edessa per decreto del rè, regno che nell'antichità faceva per periodi parte dell'Armenia, prima di intraprendere il suo grande viaggio missionario verso l'India. Secoli dopo la morte di San Tomaso nell'India del sud, le sue ossa furono trasportati ad Edessa per il sepolcro definitivo.

La grande migrazione verso l'est comincia, verosimilmente, nell'autunno dell'anno 33 post. Gesù raggiunge per primo Nishibin, città vicina ad Edessa la quale però, in contrario alla seconda, non era sotto dominio dei Romani, bensì dei Parti della Persia, il confine degli imperi trascorrendo proprio tra queste due città. A Nishibin apprendiamo da un tumulto causato proprio da Gesù, ciò che lo costringe ad un'altra fuga, anche da questa città. Riscontriamo il grande Nazareno di nuovo nell'adiacente regno di Adiabene, nella città di Arbela (oggi: Erbil), capitale all'estremità nord del fiume Efrate, nel Curdistan, al nord dell'Irak odierno. La famiglia reale di questo staterello sembra essersi proselitata alla fede mosaica e di essere stata remotamente apparentata ai nonni di Gesù, tramite la regina Elena di Adiabene. È là dove Cristo trova un nuovo refughium, fino all'anno 44 post, quando fu di nuovo costretto alla fuga, dopo l'assassinio del rè suo protettore, alle volte della Persia. Egli d'ora in poi si chiama 'Yuz', la forma persiana di Jehoshua o Gesù, e finalment fu chiamato 'Yuz Asaf', traducibile press' a poco con 'Yuz, il Radunatore', collettore, forse di gente lebbrosa che continua ad affluire da lui cercando guarigione, come gli uni credettero. Oppure radunatore delle 'Dieci Tribù dell'antico Israele disperse in oriente, il chè farebbe quanto mai più senso. Circola però anche l'interpretazione di 'Yuz col Bastone'. Sembra che egli zoppicasse causa di ferita al ginocchio dalla Croce e che camminava sempre con una lunga stecca di 2 m di legno d'olivo. - Gli arabi chiamarono il Rabbuni di Nazareth secoli più tardi nel loro Corano sacro col nome di Isa, Issa oppure Issana Mashid (Jehoshua il Messia).

La scoperta, e possibilmene la riunione, di queste tribù perse constituiva la parte tutt'ora incompiuta della missione per cui Cristo era venuto, ed alla quale si accenna anche a più riprese nel Nuovo Testamento. Gesù traversa l'altipiano dell'Iran, fino a Mashed alla frontiera est dell'impero persiano, dove si venerava la sacra tomba del figlio di Noè, Sem, fondatore e padre anchestrale delle tribù semitiche, sia arabi che ebrei. Migra durante lunghi quattro anni difficoltosi dall'Eufrate fino in India, attraversando la Persia e l'Afghanistan, in compania di sua madre Mirjam la quale non era mai stata ad Efeso nella Grecia di allora, sulla costa occidentale della Turchia d'oggi, malgrado le visioni ed asserzioni di una certa Suor Catarina Emmerich in Germania (1774-1824).

San Giovanni, il discepolo preferito, al quale Gesù aveva affidato sua madre dalla Croce, si recava ad Efeso soltanto all'inizio della grande guerra romana-giudaica. Questo fu nell'anno 66 post. Madre Maria aveva dato nascita a bambino Gesù alla tenera età di 16 anni - e cioè ben inteso nell'anno storico 6 ante Cristo, quindi prima della nostra era calendarica. Avrebbe quindi avuto un'età di circa 88 anni.- Ma anche Maria Magdalena, la quale fu descritta, nel vangelo apòcrifo secondo il discepolo Filippo, come consorte-accompagnatrice di Gesù, fà parte del suo seguito in fuga. L'apostolo San Tomaso che inizialmente si era delibe-ratamente ribellato alla sua sorte di missionario in India, intraprende questo viaggio lo stesso. Secondo una storia assai strana che troviamo nei racconti degli 'Acta Tomae', egli sarebbe stato 'venduto' da Gesù stesso ad un commerciante del rè Gondofares in India, su un mercato ancora nella regione dell'Efrate, e sarebbe stato portato via mare nel paese del Sindh (fiume 'Indus'), nel Pakistan odierno, nella città greca-ellenistica di Taxila, alla corte del rè menzionato. Qui ritroviamo l'intero quartetto di nuovo insieme, Gesù, Mirjjam madre, La Magdalena e Tomaso, forse anche Bartolomeus, prendendo parte in un banchetto nuziale alla corte reale, attorno all'anno 48 post (AD = Anno Domini).

*

23. Cristo, Maria, Magdalena e Tomaso in India

Poco dopo avviene la tremenda invasione bellica del nord-ovest dell'India da parte di eserciti barbari degli Sciti, venuti dall'Asia centrale, conquistando e distruggendo i regni indiani e greci in queste immense pianure indiane indifese. Maria la madre e la Magdalena fuggono, insieme con Gesù, nelle regioni pre-alpine al nord di Taxila, in direzione dell'antica e bella valle di Kashmir (Cachemira), della vera 'Terra Promessa' dal Vecchio Testamento. Paese che fino ad oggi porta persino ancora un nome ebraico, da una loro antichissima tribù 'Kash'. Ma in cammino, madre Mirjam muore, a soli circa 40 km di distanza dall'odierna capitale del Pakistan, Islamabad/Rawalpindi, e fu sepolta al Pindi Point in un villaggio di locazione alta, sopra le grandi pianure del fiume Indus (Sindh) e che porta ancora il nome di Muree (Mary). La sua tomba veniva ancora venerata dai villeggianti durante l'occupazione britannica ad inizio del secolo passato, e persino difesa dagli abitanti contro i militari inglesi che vollero costruire, proprio su questo posto, un'antenna radio.

Tomaso invece si diresse verso sud, navigando sul fiume Indo (Sindh), dal cui estuario e per veliero alla costa Malabar in Sud-India dove missionava per ben 20 anni in mezzo alle colonie degli 'Ebrei Neri' (Black Jews). Più tardi, si spostò alla costa opposta, chiamata 'Coromandel', nel paese dei Dravidi dove trovò la sua morte, a Mylapore (borgo sud della metropolis odierna Madras (Chennai), a causa di una freccia da parte di un Bramino che lo colpì in testa per errore, e la quale era intesa ad un'uccello fasano. Ciò accadde attorno all'anno 68 post (AD), secondo le cronache anziane, nello stesso anno in cui a Roma l'imperatore Nerone si suicidò. Qui ci troviamo già non più nel regno delle leggende, ma su bensì storiche note accertate. La salma di San Tomaso fu trasferita già nel 4. secolo AD ad Edessa in Armenia, per un secondo e definitivo sepolcro, mentre il suo cuore continua ad essere conservato in una chiesa in Umbria, Italia.

Il vangelo secondo Tomaso, le 'Acte Tomae', e le numerose scritture e vangeli apòcrifi, originati nei primissimi secoli dell'era cristiana, ne parlano con lingua chiara ed eloquente. Numerosi sono i nomi di persone vissute nel primo secolo in Sud-India, specialmente provenienti dai ranghi sociali altolocati e reali, che furono convertite da San Tomaso. Ma risulta anche evidente che San Tomaso ed i suoi causarono gli stessi guai come dappertutto: corso di collisione con le autorità politiche, incitazioni alla rinuncia all'intercorso matrimoniale dalle parti delle mogli di alti funzionari dello stato, persino ed anzitutto nelle famiglie reali,quindi persecuzioni dei convertiti, imprigionamenti, interrogatori ed inquisizioni sotto torture, ammirazione del martirio. Come in Asia Minore (Turchia di oggi, allora greca). Come a Roma.

In India, le idee cristiane potevano avere successo soltanto con il ceto sociale dei parias, degli 'intoccabili' non protetti dal sistema delle caste, ma non contro un nemico formidabile di grandi divinità onnipotenti dell'India. Un Dio impiccato e torturato alla Croce si trovava a priori sconfitto dal glamore e della brillanza degli Dei invincibili e grandiosi del panteon dell'India.

Solo oggi giorno, quasi due mila anni dopo, idee ed etica cristiane cominciano a penetrare in misura visibile le società indiane, nei cerchi sociali più elevati ed elittari, nella politica, nella letteratura e filosofia. Un fattore che potrebbe avvicinare le grandi credenze sia dell'hinduismo, del buddhismo e del cristianesimo può essere la dottrina della non-violenza che fu predicata dal buddhismo per oltre 2400 anni.

A meno che si possa un giorno comprovare che le leggende sulla popolare divinità di Krishna, ed il culto Vishnuano della 'bakthi' non avessero avuto radici segreti nell'antico cristianesimo del nord-ovest del subcontinente, là, dove Krishna era difatti nato, a Mathura (tra Delhi ed Agra di oggi). Da molti secoli già, la evidente similarità dei nomi di 'Crishna' e di 'Cristo', entrambi di origine dell'antico greco, ha sbalor-dito i scienziati e ricercatori di storia religiosa.

*

24.L'imperativo della correzione-Incarico alla chiesa

Così s'impone, nei nostri giorni, una correzione che é da secoli stramatura. il gigantesco blocco erratico della chiesa romana ha finora saputo categoricamente impedirla. Ma allo stesso tempo é anche stata proprio questa chiesa che ci ha tramandato e salvaguardato, sebbene in forma alterata, il contenuto sostanziale dell'insegnamento cristiano, conservando come unica istituzione una compatta unità che contrasta positivamente la preoccupante discordia ed il separatismo degli altri rami delle chiese - e sette - cristiane.

Possiamo vedere questo sviluppo storico quale conseguenza diretta di quei giorni tempestosi del concilium dei vescovi a Nichea (oggi Turchia nord-ovest), nel remoto anno 325 post (AD), vicino alla allora capitale dell'impero Romano d'Este, Costantinopolis-Bysanzio, divenuta cristiana, di quella riunione dove i (troppo giovani) vescovi si perdettero in aspre querele non potendo trovare un'accordo sulla natura divina o meno di Cristo. I vescovi più anziani ed esperti erano in gran parte caduti vittime delle sanguinose persecuzioni cristiane dell'imperatore Diocleziano 295-298 post. L'imperatore Costantino il Grande intervenne decidendo, una volta per sempre, che Cristo sarebbe stato una vera epifania di Dio su terra, e quindi 'omo-usios' (uguale) al Padre di cui era figlio, con uguale competenza e caratteristiche divine - come Gesù l'aveva detto di sè, davanti al supremo tribunale d'Israele quel lontano venerdì santo. Cristo non sarebbe stato semplice persona di carne e ossa dotata di ispirazione divina com'era preteso da una grande parte dei vescovi, dalle chiesa siriache e armene, e dai rè delle grandi tribù germaniche, degli Ostrogoti e dei Visigoti, difendendo il punto di vista del vescovo Arianus. Questi, apparentemente ben sapeva della sopravivenza di Cristo alla Croce e degli eventi incerti attorno alla risurrezione. Più tardi, ed in base a tale decisione imperiale (non solo omoi-usios = similare, in greco), diventò necessario la selezione tra più di 60 vangeli che circolavano nelle comunità cristiane nei primi secoli, ed in tutto l'impero Romano, onde realizzare e stabilizzare la Divinazione di Gesù Cristo. Qualsiasi scrittura sul tema, vangeli ed altre che si potevano trovare e che contenevano allusioni od informazioni discriminanti la divinità Gesuanica, furono sequestrate, ritirate dalla circolazione e distrutte dalla oramai potente chiesa madre di Roma, ora sopportata e protetta dallo stato imperiale

Infine, furono selezionati i nostri quattro vangeli canonici (Marco, Matteo, Luca, Giovanni), poichè erano le scritture che meglio corrispondevano alle intenzioni (anche politiche) della chiesa e dell'impero, ed anche perchè questi quattro vangeli avevano come autori persone che avevano ancora conosciuto lo storico Gesù di persona, oppure conobbero uno o più apostoli (Pietro e Paolo). Soltanto poche modifiche s'impone-vano a queste opere selezionate, per esempio il paragrafo di chiusura del vangelo secondo Marco,che fu sostituito e che deve avere contenuto un'informazione o allusione contraproducente alla credenza della risurrezione nella narrazione degli eventi attorno al sepolcro vuoto quella remota mattina di Pasqua.

Lo sviluppo della giovane chiesa, la sua storia, come pure la nascita e la redazione dei nostri vangeli canonici, e delle loro tendenze giornalistiche e di pubblicità, saranno discusso in capitoli a parte. Ma anche la voluminosa letteratura apòcrifa, oggi ritrovata e restaurata (dai professori tedeschi Hennecke & Schneemelcher) offre fatti ed occorenze interessantissimi su Gesù e su vari personaggi della sua cerchia. Queste scritture contengono molti aspetti che, conosciuti prima, non avrebbero permesso la nostra attuale, ma forse una più sincera ma altrettanto valida forma di credenza.

Una modifica ed un ritorno agli origini é urgente se siamo intenzionati di ottenere sì che la fede cristiana diventi accettabile di nuovo per millioni di scettici, e con essa anche la chiesa madre, per la nostra generazione cristiana ed anche per altre culture religiose, allontanandosi dai dogma ortodossi in parte troppo rigidi e poco credibili, ed apprendo le braccia verso innumerevoli cristiani futuri. Di maniera che noi, e loro, possano rimanere cristiani con fede, orgoglio e dignità, in accordo con le scoperte della scienza, delle ricerche e dall'alta tecnologia odierna.

È difatti solo necessaria una revisione della fatale decisione di Nichea che nell'anno 325 post poteva essere giustificata, oggi invece non più. Ed un cambio di accento dai misteriosi e non confermati eventi della Pasqua-mattina, verso il contenuto del famoso Sermone del Monte di Gesù, di una morale senza obbedienza cieca, verso l'etica gesuana e delle sue 'loghia' (pronunciamenti raccolti) come li troviamo nel vangelo secondo San Tomaso. La singolare magnificenza del 'Pater Noster' non subirebbe modifica e continuerebbe a brillare attraverso i secoli.

*

25. Era, forse, 'Kashmir' la 'Terra Promessa'?

Esistono numerose antiche scritture storiche della letteratura persiana che menzionano esplicitamente la migrazione dell straordinario predicatore Gesù, ora chiamato 'Yuz Asaf', oppure 'Issa', attraverso l'altipiano iraniano ed il montagnoso paese dell'Afghanistan. Inoltre, molti autori hanno pubblicato studi sull'origine delle tribù 'Pashtun afghani' come discen-denti delle 'Dieci Tribù' d'Israele anticamente perdute e depor-tate, in parte all'epoca assiriana-babilonica, lontanto verso l'est in Persia, in Afghanistan e persino nella regione nord-ovest dell'India. In parte anche durante e dopo la ominosa cattività babilonica degli ebrei (604-538 ante), sotto il rè Tig-lat Pileser III e Sargon II, formando piccole colonie nuove in quelle lontanissime terre, dopo i loro esodi forzati dalla Gali-lea (sin dall'anno 733 ante) e dalla Samaria (sin dal 722 ante). Gli indizii per una colonizzazione ebraica sin da tempi molto remoti nella valle del Kashmir nell'India nord-ovest sono talmente frequenti che ogni dubbio può essere escluso.

Non solo corrispondono ancora oggi centinaia di vocaboli, numerali e nomi di caste e persone, come anche di località geografiche nella lingua kashmiri parlata, spesso letteralmente a denominazioni bibliche ed ebraiche antiche: le tabelle di comparazione di lingua dello scrittore indiano Nazir Ahmad, all'inizio del 20esimo secolo, dimostrano una congruenza addirittura inverosimile tra l'antico ebreo ed il kashmiri di oggi, così chè se ne può dedurre, con grande certezza che nella popolazione kashmiri sopravive sangue dell'antico Israele biblico.

Sia tratti facciali, sia vestimenta, pigmentazione e contegno sono talmente non-indiano, ma giudaico, come le tradizioni e le leggende del popolo. Molto interessante é però la circostanza che si siano trovate numerose tombe antiche, di origine ebraica, posizionate in direzione est-ovest, come pure resti di possibili santuari o sinagoghe, o addirittura rovine di tempii ebraici (santuario di Martand?) - ma nessuna traccia della religione mosaica. Queste potrebbero essere andate perdute nel corso delle migrazioni secolari oppure - e questo corrisponderebbe ad una nuova ipotesi - non sono mai state presenti in Kashmir.

Tale fatto potrebbe significare che i 'Bani Israel', le 'Dieci Tribù Perdute', non sarebbero semplicemente state deportate dalla Palestina nord nel corso dei secoli 7-5 ante, ma piùttosto che gli ebrei sarebbero originalmente venuti dall'India nord-ovest, molto prima ancora che il loro specifico culto a Jahwe si fosse sviluppato come religione nazionale d'un Israele appena creato sotto la forte guida di Mosè, dopo l'esodo dall'Egitto, attorno a 1220 ante, e che il patriarca Abramo lasciasse la città di Ur in Sumeria, nel 18esimo secolo ante.

Jl calendario ebraico contava, nell'anno solare 1 dell'era cristiana, il loro anno lunare 3694, senza che si sappia quale evento fosse stato all'origine di questo calendario. È pensabile che comemorasse l'epoca della grande emigrazione degli ebrei dall'India verso la Mesopotamia (Sumeria), forse dopo il Diluvio Universale, giàcchè questa catastrofe biblica é ancora oggi conosciuta, per esempio in tedesco, come 'Sintflut', con riferimento ovvio al grande fiume 'Sindh', antico nome dell'- Indus (Indo) che attraversa oggi le terre del Pakistan (ex India nord-ovest).

In correlazione al nostro odierno calendario solare, l'anno 1992 dell'era cristiana corrispondeva all'anno 5558/9 ebraico, anche conto solare. Sottraendo allora il calendario cristiano da quello ebraico si ottiene, approssimativamente, un anno 3586 ante cristo, come punto d'origine del calendario israeliano. È interessante notare che i miti giudaici della creazione del mondo e l'espulsione dal paradiso menzionino un'epoca di 4000 anni prima di cristo. E che nel paradiso c'erano mele - che difatti c'erano sempre nel clima temperato del Kashmir, ma mai nelle pianure desertiche dell'India, nè in quelle caldissime della Mesopotamia (Irak).

L'inizio di un calendario significa in ogni vecchia cultura del nostro globo sempre un'evento storico di straordinaria importanza - per noi la nascita di Cristo. È un pensiero alquanto irritante che alcuni dei grandi profeti d'Israele, come Ezechiel, Elìa, Enoch e Mosè - ma anche Gesù Cristo -, le cui tombe non sono mai state trovate nell'ovest, fossero semplicemente scomparsi senza lasciare la minima traccia su terra. - E che fossero tornati, l'uno come l'altro, al paese dei loro antenati patriarchi, alla vera 'Terra Promessa', che era Kashmir, per morirvi. La riflessione può parere irreale - ma non é certamente insensata.

*

26. L'enigmatica tomba, in Srinagar città, Kashmir

Infatti, là non é stato locato soltanto il sepolcro di Gesù Cristo, ma anche la tomba di Mosè é conosciuta nella valle di Cachemira. Ed esistono, per la realtà, in Kashmir praticamente tutti i nomi di località bibliche riguardanti la tomba di Mosè che non si sono mai identificati nè in Palestina, nè in Transgiordania. Persino il nome della regione in questione é ebraico: La patria della tribù di Kash. Ma si incontrano in Kashmir ancora oggi numerosi nomi che contengono la sillabe 'Yuz', in ricordo a Yuz Asaf, il profeta di carnagione chiara che venne dall'estremo ovest (Palestina). In più, la pietra di Mosè, il bastone di Mosè di duro legno d'olivo, il quale sarebbe servito anche a Cristo, l'unguente di Cristo che fino a poco tempo fa si poteva comprare sui mercati di Srinagar, le palette dei remi dei pescatori sul lago Dal a forma di cuore i quali, perfettamente identiche, si possono, in tutto il mondo, incontrare - unicamente sul lago di Genezareth in Galilea. Tutti questi indizi non possono essere un pure casaggio accidentale. Tutti i sintomi trovati fino ad ora con-cordano: Gesù di Nazareth si era deciso, dopo la sopravivenza alla Croce, di andare in cerca alle 'Dieci Tribù Perdute' d'Israele, di lasciare per sempre i territori dominati dai Roma-ni, di incaricare Paolo della missione tra i popoli pagani del Mediterraneo e nell'impero Romano, e di penetrare fino alla lontana patria dei suoi antenati ebraici al nord-ovest dell'India e nella valle di Kashmir. L'auto-interpretazione di Gesù appare avere subito modifiche col passare del tempo e dopo la crocifissione: Le scarse notizie di prediche e commenti sembrano indicare che egli aveva rinunciato alla leggi-timazione del Messia, come anche a quella del 'Figlio dell'-Uomo' secondo Enoch, e che si era visto, sempre di più, come divino guaritore e profeta del suo omnipotente Dio Padre nei cieli.

Ciò era senz'altro inevitabile poichè Cristo si trovava in regioni di credenze ben diverse,in Persia con il culto al fuoco sacro secondo Zarathustra, nell'India nord-ovest con il Hinduismo, e sopratutto con il Buddhismo originale, ma an-che in regioni con idolatrie diverse. Gli Esseni di Qumran alla riva del Mar Morto in Palestina mostrarono evidenti relazioni ad un anti-chissimo culto al sole, e vuole sembrare che tale culto gua-dagni di nuovo una certa importanza con il profeta Yuz Asaf in Kashmir quando egli incontrò, attorno all'anno 78 della nostra era cristiana, il rè supremo Shales-vahin e gli replicò a cui domanda di chè stava predicando: 'Mio Signore, la mia religi-one insegna l'amore, la verità e la purezza del cuore. Insegno alla gente di servire Iddio che si trova al centro del sole e che governa gli elementi. Dio e gli elementi perdureranno in eter-no? Questo è una parte di un dialogo che é stato tramandato per iscritto in un'opera dell' India, nel libro chiamato 'Bhavis-hya-Mahapurana' edito nell'anno Laukika 3191 oppure 115 post Cristum (AD) della nostra era. Poichè Gesù era nato nell'anno 7 ante (astronomico), egli é decesso all'età di 114 anni ed era mancato di forma naturale. L'originale molto dan-neggiato di questa scrittura in Sanscritto dell'India antica (8.volume) viene tenuto socchiuso e sorve-gliato nell'Istituto Orientale dell'università di Bombay, a Poo-na. Sono comun-que disponibili numerose copie di foto-pubblicazioni.

La tomba propria si trova in pieno centro della vecchia città di Srinagar, capitale di Kashmir, India, nella Khanyar-Street, ed è conosciuta come 'Rauzabal'. Consiste di una struttura rispet-tabile in legno, con spazi interni, piccola anti-camera, con un ristretto cimitero musulmano accanto. Il tutto é circondato da una bassa muraglia ed una griglia di ferro, probabilmente eret-to durante il 14esimo secolo, sopra un luogo sepolcrale molto più antico. Un sarcofago in legno fa arco sopra una lapide rettangolare, e di sotto si trova una camera tombale non isla-mica poichè situata in direzione est-ovest e la quale é ermeti-camente chiusa ed alla quale, fino ad oggi, nessuno é mai penetrato, nè é stato dato permesso di aprirla, sia da parte del governo indiano, sia da parte delle autoritàa isla-miche del Kashmir. Quando nel 13esimo secolo le armate arabe-islamiche invadevano l'intero nord-ovest dell'India e la valle di Kashmir, i loro capi dovevano avere riconosciuto questa tom-ba come quella di una grande personalità dai tempi antichi e che là giaceva il profeta Issa.Siccome tale personaggio è menzionato e venerato anche nella sacra scrittura islamica del Corano, decisero di construire per Issa, o Yuz, una costruzione memoriale degna della sua fama. Nell'edificio Rauzabal giace anche un'ammiratore di Issa (alias Gesù Cristo) col nome di Sayid-Nasr-ud-Din. È lecito supporre che si tratti del costruttore e fondatore di questo si particolare santuario nel 14esimo secolo. Prima dell'avvento dell'Islam in Kashmir non si conobbero interramenti, nè con i Buddhisti, nè con i Hindu i quali, fino ad oggi, applicano esclusivamente la cremazione. Però bensì ci furono sin da tempi immemorabili interramenti con gli ebrei. Effettivamente furono incontrate numerose antiche tombe ebraiche in Kashmir. Anche il sepolcro di Yuz Asaf mostra chiari indizi giudaici. È persino stato trovato, in testa alla lapide, un'antichissima pietra tombale di tipo ebraico con la parte superiore in forma di tetto arrotondato, come se ne trovano ancora numerose nel cimi-tero israelita della città di Praga, Cecoslovachia, in pieno centro. Ricordiamoci che le tombe musulmane sono sempre puntate verso sud-ovest (da Kashmir), con le teste dei defunti nella direzione della sacra città di Mecca, in Arabia-Saudita.

Interessa la circostanza che tale santuario tombale si trovi in possesso di una famiglia, fatto che é evidenziato da un verdetto giuridico dell'anno 1766 post (era cristiana), cer-tificato da cinque mullahs (sacerdoti musulmani) e da quattro giudici, i quali affermano in tale documento che il sepolcro in questione appartiene ad un personaggio santo che sarebbe arrivato, da un lontanissimo paese sulle sponde d'un mare all'ovest circa 1600 anni fa, e che la famiglia avrebbe il diritto, a tempo illimitato, di incassare le elemosine e doni depositati all'edificio tombale. Si tratta oggi di una costruzione islamica che ricevette una discreta e silenziosa pubblicità in questo 20esimo secolo, sopratutto negli anni ottanta quando fu visitato da numerosi stranieri e persone individuali, tal volta incognito, e persino da gruppi francesi ed altri, legati al risorgimento buddhista all'ovest. Questo fenomeno non é scappato all'attenzione dei dirigenti musulmani di Srinagar che cominciarono ad esortare la popolazione locale a frequentare di nuovo questo santuario prima molto trascurato, per ristaurare ed abbellire la costruzione mediante questi introiti. Tra l'altro anche con un nuovo soffitto scolpito in noce nello tipico stile kashmiri, per decorare il recinto interno del santuario.

Non sono affatto mancate le richieste per aprire ed esplorare questa misteriosa tomba. Ma il governo indiano ha fino ad oggi respinto qualsiasi domanda a questo scopo. E non solo lui. Ma anche l'allora arcivescovo di Bombay, Monsignore Valerius. Si apprende che anche persone illustre, come l'ultimo vice-rè britannico per l'India, Lord Mountbatten, a suo tempo generale supremo dell'armata africana britannica in Libia ed Egitto contro il generale tedesco Rommel durante la seconda guerra mondiale, aveva, incognito, visitato il sepolcro di Srinagar. Era facile individuale il vice-rè poichè gli mancava un braccio.

Tale interesse può unicamente derivare dalla supposizione che dove c'è fumo ci deve anche essere fuoco. Il sequestro di appositi fascicoli e libri di autori cashmiriani sul tema nelle librerie di Srinagar e nelle edicole dell'aeroporto, unitamente ad un cartello assai curioso al Rauzabal, dicendo in un inglese imperfetto 'che tutte le pubblicazioni su questo sepolcro sono false', nutre fortemente il sospetto che questo misterioso edificio riguarda un segreto del tutto straordinario. In una regione che già da sempre assomiglia ad un vulcano, in una terra di confine ed amaro conflitto militare tra un Pakistan islamico ed un'India hindu, con adesso una maggioranza di popolazione musulmana in territorio indiano, nessuno può avere interesse di versare ancora olio nel fuoco. Occorre inoltre tenere conto del carattere di sangue caldo ed incendiabile dei kashmiri che si difenderebbero energicamente ad una cessione di uno dei loro santuari al mondo cristiano ed agli stranieri. La prevedibile confrontazione deve essere evitata. Non si intende provocare una nuova guerra santa, oppure una ripetizione delle devastanti Crociate a suo tempo verso Gerusalemme nei secoli 11 e 12, che portarono a delle sanguinose battaglie tra cristiani e musulmani. È anche improbabile che nella camera tombale sotterranea si trovi qualsiasi evidenza poichè essa sarà senz'altro stata, nel corso di tanti secoli, inondata dalle acque di fondo dal vicino lago Dal. E quallora si trovasse davvero prove o evidenze, pos-siamo essere sicurissimi che tali disparerebbero immedia-tamente, senza pubblicazione alcuna, impedita da una rigida censura.Ordine e pace sono più im portanti per i viventi che una grande verità dal mondo antico. Eppure, gli indizi che Gesù di Nazareth giacia sepolto a Srinagar in Kashmir sono talmente convincenti ed incontestabili che sarà un giorno possibile provare questa verità, anche senza dovere ricorrere all'apertura del sepolcro. In tale sforzo, la storia religiosa conosciuta di questa regione ci é di valido aiuto.

*

27. Yuz Asaf si proclama, 54 post, profeta in India

Fu nell'anno 49 Ad (era cristiana) che il rè locale di Kashmir, Gopananda (anche Gopadatta) iniziò a governare. Questo sovrano morì nel 109 post, quindi due anni dopo Cristo. Varie circostanze parlano in favore del fatto che già allora fu eretto un sepolcro prominente per il gran Santo della valle, Yuz Asaf. Nell'anno 54 post, il rè Gopananda ordinò la ripa-razione di un antico tempio con lo strano nome di 'Trono di Salomone' su una ripida cresta chiamata Monte Shankar-charyia con ottima vista sulla sottostante città di Srinagar. Siccome il rè non era, evidentemente, hindu di credenza (forse era buddhista), l'incarico fu fidato ad un certo Suleiman (oppure Sandiman) che era oriundo dalla Persia e che, forse, era un ebreo liberale, oppure hindu e che, più tardi, sembra fosse stato promosso ministro del rè. Il profeta Yuz Asaf appare avere assunto un ruolo d'importanza nell'arbitraggio di una seria querela tra i hindu ed i buddhisti attorno al restauro del vecchio tempio. Su una delle quattro colonne riparate del santuario furono cesellate nella pietra queste strane parole: 'Yuz Asaf proclama il suo ufficio di profeta, anno 54. Egli é Yuz, dai Bani (tribù) d'Israele' Questa scrittura incisa era ancora chiaramente leggibile ai tempi dell'imperatore Moghu-le, Gehangir in India, attorno al 1620 post, quando l'autore Khwaja Haidar Malik Chadur scrisse la sua storia della regio-ne nel suo 'Tariki-Kashmir'. Esistono fotografie ben conser-vate di questa incisione in pietra - nel frattempo coperta con calce struzzo - dai tempi del governo britannico all'inizio del 20esimo secolo. Ulteriori indicazioni sono le leggende del Ladakh, la presunta tomba di Maria Magdalena nei dintorni di Kashgar in Cina-ovest (oggi: Sinkiang) - avrebbe raggiunto l'età biblica di 91 anni - , la tomba di Maria,madre di Gesù,nella piccola località di Muree (Mary!) nei monti sopra Taxila-/Rawalpindi, sulla strada diretta da Pakistan a Kashmir. Sarebbe mancata all'età di 76 anni. Inoltre, é testimone il lunghissimo bastone di legno d'ulivo, di 2,5 m circa, preservato sempre ancora a Aish-Muquam e che sarebbe stato portasto da Mosè, poi, 1200 anni pi`tardi, anche da Gesù. E da dove veniva questo bastone che serviva per migrare, ma anche per difendersi? Il Kashmir di allora non conobbe alberi d'ulivo...

*

28. Era Cristo riformatore del Buddhismo ?

Si é constatato che il cosìdetto 'Grande Veicolo del Buddhismo, il 'Mahayana', era emerso nel 1. secolo dopo Cristo (AD) proprio in Kashmir/Ladakh, e che si era diffuso da lì attraverso il Nepal, il Tibet, alla Cina, alla Corea, e fino al Giappone, impiantandosi in tutti questi paesi. Nell'anno 78 post, quindi nello stesso anno in cui il profeta Yuz Asaf incontrò il rè Raja Shalesvahin, fu convocato in Kashmir il 4. Gran Concilio del Buddhismo per la quale occasione fu eretto un palazzo speciale, circa 12 km fuori della città di Srinagar, a Haran, e dove per quasi sei mesi, fu deliberato tra tutte le scuole buddhiste dell'epoca indi radunate, sullo scisma del Buddhismo, e cioè nelle due correnti principali, nel 'Piccolo Veicolo' del Buddhismo ortodosso, chiamato 'Hinayana', e nel 'Gran Veicolo', chiamato 'Mahayana', che dette origine ad una nuova forma del Buddhismo che mostrava evidenti somiglianze alle idee ed impulsi Gesuani che perdurano fino ai nostri giorni. Sempre di nuovo ci si é confuso ed a volte irri-tato sulle apparenti parallele del Buddhismo con il Cristia-nesimo, poichè, teoricamente, i due sistemi di credenze sono diametralmente opposte.

In realtà, Buddha ha abolito Dio e tutti gli dei, e sul loro supremo trono ha installato l'immanente legge del 'Nesso Causale'. Azione provoca re-azione. Non più nessun dogma. Nessun credo.Non esiste niente e nessuno che si occupereb-be della sorte individuale della creatura umana. Navighiamo nella corrente delle leggi del Karma, e veniamo sempre a nuovo re-incarnati fino quando riusciamo, in un' ultima nostra esistenza, di annientare il nostro kharma, per inazione (compiere nè opere buone nè cattive), per rompere alla fine di quest'ultima esistenza il fatale ciclo della metempsychosis e di estinguersi, entrando nel Nirvana e riportando la nostra originaria sostanza d'anima all'universo, dal quale proveniva Questo é il nucleo dell'insegnamento Hinayana, rinunciativo e pessimista nella sua ideologia. Sembra di voler riservare questa suprema meta del Nirvana esclusivamente agli Arhat, monaci auto-disciplinati, ed ai Sadhus ed agli Eremiti. Per la massa della popolazione semplice e, specialmente per le donne, non esiste un concetto di salvazione.

Tutto ciò cambia con l'avvento di Yuz Asaf in Kashmir dove sarà attivo ancora per altri 60 anni, inclusive nei paesi limitròfi. Yuz predica fervamente il suo Padre nei cieli 'Abba' (!), il termine ebraico per 'Padre', e crea la nuova divinità buddhista Amith-Abba, il grande Padre della luce aeterna il cui centro si trova nel sole, che risiede nel cielo all'ovest, nel puro Regno Celeste, nel paradiso. Si tratta di una nuova fede inaudita della grazia e dell'amore e della compassione. È sufficiente credere in Amithabba, senza macerazioni ascetiche, senza sacrifici, ed opere buone nè cattive sono più richieste (comparare: '...nessuno viene al Padre se no tramite mè..). Il successo appare esorbitante. Solo ora il Buddhismo diventa una religione del popolo, sostenuto da quest'ultimo, il chè prima non era il caso.

Tutto essere umano é ora data la possibilità di raggiungere la salvazione e di vedere il paradiso, sopratutto anche le donne che nel sistema vecchio rimasero ignorate. Non è questo cambio profondamente Gesuanico, così come abbiamo spesso incontrato il Nazareno nella sua compassione e come, anche nel nostro Nuovo Testamento, spesso tentava di mitigare la triste sorte delle donne in una società complettamente patriarcale? Molti sono gli argomenti in favore dell'assunzione che Cristo svolgeva un ruolo importante durante questo Concilio, possibilmente incaricato dallo stesso rè supremo chi era Kanishka che aveva, pochi anni fa, sottomesso con furore tutto il nord-ovest dell'India, e che si era poi rivolto, dal paganesimo delle steppe, alla filosofia buddhista. Con ciò il Nazareno avrebbe introdotto nel Buddhismo un duplice nuovo aspetto:da una parte il restauro di una divinità suprema nei cieli alla quale gli uomini potevano rivolgersi con le loro preg- hiere e la quale assisteva ed aiutava la creatura indi-viduale nei suoi bisogni (Amithabba), e per altro il grande mandamen- to dell'amore del prossimo nel senso della com-passione. Poichè a partire di allora il Gran Veicolo del Buddhismo, il Mahayana, offriva oltre la paterna divinità nei cieli, in Yuz Asaf suo rappresentante in terra una futura divinità della compas- sione illimatata, in India chiamata 'Bodhi-sattva Avalokithes- vara' (in sanscrito), in Cina chiamata 'Kuan-Yin', ed in Giappo- ne 'Kwa-non'.

*

29. Era Gesù il primo Bodhisattva del Buddhismo?

Yuz Asaf crea da sè stesso una nuova divinità: il bodhisattva Avalokithesvara, il grande Misericordioso, l'omnivedente gua- ritore il chè, al momento della transizione rinuncia delibe- ratamente all'entrata al Nirvana, si sofferma sulla soglia all' 'al- di-là' onde poter assistere, in tutta aeternità, i deboli e gli in- fermi, pescandoli fuori dalla torrente della vita per inalzarli alla sicurezza del Grande Veicolo, aprendo anche a loro la regione celeste pura, il paradiso nell'ovest, il regno della paterna divi- nità della luce, di Amith-Abba, per così salvare le loro anime. La immaginaria 'Regione Pura' si trova all'ovest (Palestina), oppure sopra l'orizzonte del sole tramontante. Più tardi, si venne a localizzare il paese d'origine di questa nuova forma del Buddhismo nell'India nord-ovest - che, visto dalla Cina e dal Giappone (nazioni di culto Maha-yana), si trova, precisa- mente, all'ovest. Appare quasi impos-sibile a non vedere la mano di Yuz Asaf, alias Gesù Cristo, in questa grandiosa ope- ra della creazione del Grande Veicolo del Buddhismo, un'atto formidabile nella storia religiosa, Poichè il contenuto, le para- bole, il periodo storico e la località di questa occorrenza con- cordano in un modo straordinario e quasi miracoloso.

È stato Yuz Asaf a creare, nel primo secolo dopo Cristo, pro- prio in Kashmir, il concetto del bodhisattva (in lingua liturgica indiana sanscrito). Il bodhisattva è un Giusto e Perfetto, un santo buddhista - che trova la sua contraparte nel sadhu dei hindu - il quale è riuscito a sterminare finalmente in una ultima sua esistenza il suo kharma e che é quindi pronto ad entrare nel Nirvana, senza essere mai più re-incarnato. Nel Buddhismo del Mahayana esistono altrettanti bodhisattva quanto ci sono santi nella chiesa cattolica, anzi, sono molto più numerosi. Ma, stranamente, il bodhisattva classico si comporta esattamente come Gesù il Nazareno, ed ogni bodhi-sattva nuovo agisce allo stesso modo: tenta ferventemente , dopo avere raggiunto lo stato supremo della perfezione umana, di cercare la vicinanza di Dio e di lasciare quest' esi-stenza volontariamente, quando é giunto il tempo. Ma solo per poi rinunciare al passaggio al paradiso (...'ancora non sono asceso al Padre', disse Cristo a Maria Magdalena di fronte alla tomba vuota quel mattino di Pasqua...). Egli ritorna (dalla Croce!) in questo mondo e si tiene a disposizione dell'intera umanità, guarendo, assistendo, consolando, e con compas-sione per guidare le anime perdute (o incapaci) alla Regione Pura nei cieli dell'ovest. Questo però non é niente meno che pura Gnosis Gesuana, in mezzo all'insegnamento buddhista, cambiando quest'ultimo in un concetto diametralmente oppo-sto a ciò che fu all'origine.

Antiche fonti sembrano indicare che i risultati del menzionato Concilio buddhista a Srinagar nell'anno 78 post (AD), quindi ancora a tempo di vita attiva di Gesù in Kashmir, sarebbero stati incisi su piastre o foglie metalliche (rame?), forse simili a quelle famose di Qumran dal Mar Morto, della stessa epoca, e poi sepolte in luogo segreto da qualche parte in Kashmir. A quell'epoca remota le sfere d'influenza delle due grandi scuole del Buddhismo, della dottrina Hinayana e di quella Mahayana, sono state determinate e fissate per il futuro e per la storia: il Buddhismo del Piccolo Veicolo Hinayana si diresse verso sud, a Sri Lanka, Birmania, Thailandia, Indocina, mentre la dottrina del Grande Veicolo Mahayana conquistò aree al nord come Nepal, Tibet, Sinkiang, Mongolia, parti della Cina, Corea e Giappone. Questa divisione asiatica ricorda in modo inverosimile alla spartizione (scissione) a Damasco, tra Cristo e San Paolo, l'est per il primo, l'ovest per il secondo. - Qualora tali placche o foglie metalliche con scritture gravate vedessero un lontano giorno la luce, nuove sorprese, anche travolgenti, ne potessero derivare. Forse che il gran Santo della valle, Yuz Asaf, avrebbe non solo partecipato a questo Concilio buddhista che ha portato ad un scisma profondo del Buddhismo stesso, ma che lui ne aveva anche una parte decisiva,forse incaricato dal grande rè Kanishka degli invasori Kushan stesso che, arrivato pagano in India con i suoi eserciti, si era rivolto in grande simpatia verso il Buddhismo.

*

30. La strana storia di N. Notovic-una falsificazione?

il Buddhismo originale del piccolo veicolo (Hinayana) aveva, com'è noto, abolito tutte le divinità dell'India antica, ed altret tanto le caste ed i sacrifici umani, ed aveva installato, sul trono vuoto della divinità suprema il 'Nesso Causale', la legge dell'azione = re-azione, di causa ed effetto. Tale insegnamento, sorto dall'India del cinquecento ante Cristo, risultava quasi incomprensibile per la semplice popolazione, ma era benvenuto alle caste guerriere e nobili, in quanto che l'illuminazione del Buddha sembrava avere procurato a loro uno strumento efficace per stroncare il dominio dell'arrogante classe sacerdotale dei bramani, esilandola al livello d'opposizione clandestina, dalla quale usciva soltanto circa mille anni più tardi in occasione della grande contra-rivoluzione del Bramanismo contro il Buddhismo, nell'India del settecento dopo Cristo.

È realistico immaginare che la narrazione del dramma di Gesù sul Calvario nella remota Palestina e dal suo ritorno dalla Croce, dove aveva ferventemente sperato di incontrare il Padre Celeste, mettendosi di nuovo alla disposizione dell'-umanità, fosse penetrata fino al lontanissimo Kashmir? Ed è lecito credere che Gesù in persona, come grande Saggio e Giusto che aveva - a vista buddhista - annientato il suo kharma delle rinascite, avesse aperto, in qualità di Santo, la grande tradizione del culto dei Bodhisattva nel Buddhismo? E che fosse apparso quale grande mentore e spirito che mostrava - novità inaudita in Asia - agli uomini il cammino verso il Puro Paradiso nell'ovest, verso il suo Padre della luce aeterna nei cieli, chiamato semplicemente 'Abba'? (Padre). E che sarebbe stato lui a creare ed introdurre per primo nel Buddhismo la cognizione della misericordia (che era finora sconosciuta) e che dava quindi alla popolazione la speranza di ottenere la salvazione mediante semplice invocazione e profonda credenza a questo Dio, senza doversi più occupare del circolo vizioso delle reincarnazioni?

E qualora così fosse stato, in qual modo questa narrazione e l'insegnamento sarebbero giunti in India, se non tramite Cristo di persona - ma d o p o il compimento della sua fuga da Damasco verso l'India, che aveva durata quasi 14 anni?

Esiste davvero la strana storia del Russo abiente Nicolas Notovic che aveva intrapreso, al termine della guerra Crimea in Russia, un viaggio esteso in Central-Asia, al Pamir, tetto del mondo, e fino all'India nord-ovest, quale cacciatore di orsi e tigri. Nell'anno 1887 egli arrivava, con una colonna di muli e portatori indiani nella valle montagnosa del Kashmir, ed attraverso colli di oltre 4000 m di altezza nel paese del Ladakh le cui valli e ripidi pendii erano sproviste di albesri e sono fino ad oggi cosparsi di monasteri tibeto-buddhisti (lamaistici). Il Ladakh fu per questo chiamato 'Piccolo Tibet', pur appartenendo politicamente come provincia all'estremo nord-ovest alla Repubblica dell'India.

In uno di questi monasteri, a Mulbeck, il nostro viaggiatore e cacciatore di belve, Notovic, udiva per prima volta e per pure caso da un abate buddhista la narrazione di Sant'Isa, di un gran santo che in un'epoca molto remota fosse arrivato, da un paese all'estremo ovest, al Ladakh, e che fosse indi divenuto uno dei grandi insegnanti (Lama/Riformatori?) del Buddhismo di allora. Egli avrebbe lasciato a giovane età la sua patria all' orlo del mare (Palestina?), e sarebbe più tardi ritornato dal paese del Buddhismo (India) al suo paese paterno per indi predicare il grande insegnamento della compassione divina, che però sarebbe stato arrestato, torturato, crocifisso e portato a morte. Il cui ricordo sarebbe però ancora oggi molto venerato, ma che solo i più eruditi Lama sapessero oggi ancora dei suoi meriti.

Notovic tese gli orecchi e riconobbe in questo santo buddhista immediatamente il nostro Gesù Cristo. Seguendo il consiglio dell'abate, egli proseguiva verso l'imponente monastero Hemis Gupta dove, in effetti e dopo qualche riluttanza, gli furono mostrati, letti e tradotti, dalla sacra antica lingua liturgica 'Pali', i libri-'Scrolli' ricercati, prima in tibetano, poi in russo. In essi fu narrato come il giovane Isa, oppure Issana, era arrivato con circa 13-14 anni di età dalla sua patria Filistea in India, come avrebbe qui studiato hinduismo e buddhismo e come sarebbe ritornato all'età di circa 30 anni, per missionare e proselitare il suo popolo all' insegnamento buddhista. Dopo una sentenza romana, egli sarebbe stato appeso ad una Croce.

Questi testi apparvero essere una scoperta sensazionale, quanto più che Notovic realizzava che il nome 'Gesù' era tradotto in arabo 'Isa oppure Issana', ed in persiano 'Yuz'. Notovic ritornava in Europa con le relative traduzioni e pubblicava un suo opuscolo a Parigi nel 1908 con il titolo in francese: 'La deuxième vie de Jésus Christ', convinto, come a suo tempo Cristoforo Colombo, di avere scoperto terra nuo-va incognita e la chiusura della grande 'lacuna-cesura' nella vita di Gesù, che da sempre mancava nella tradizione per gli anni 13-30. - Troppo bello per essere vero?

Ma appena che la pubblicazione era fuoruscita veniva già fatta scomparire, per via di compera da parte sconosciuta, di modo che non potesse raggiungere il pubblico. Questo era successo cent'anni fà. Sarà interessante vedere se nel 21esimo secolo saremo ancora sottoposti ad una tale soppressione della verità storica?

Nel frattempo ci si é pertanto accorti che si tratta, infatti, proprio di Gesù Cristo, ma che qualche cosa non quadra: È diventato evidente che i cronisti buddhisti dei primi secoli hanno convertito il Nazareno in un fervente buddhista che promulgava il loro insegnamento in Palestina - ciò che con certezza assoluta non é stato mai il caso. Ma come spiegare l'apparizione della storia della tragedia di Golgotha negli annali buddhisti nei paesi dell'Himalaya? Sicuramente soltan-to se Cristo era veramente apparso là ed aveva raccontato gli eventi della Croce che nessuno poteva sapere di persona. Forse anche per spiegare l'origine delle sue visibili cicatrici. Ma Cristo veniva in India d o p o il Calvario! - e riusciva là di riformare il Buddhismo. Diventava persino il primo Bodhis-attva e rimase rispettato come gran Santo e saggio docente nei paesi del Buddhismo del Gran Veicolo. Ma siccome non si volle ammettere che la grande riformazione del Buddhismo venne dall'esterno, tramite uno straniero non-buddhista, era facile rovesciare la storia al suo contrario, per la glorificazione della propria religione buddhista.

Quel che Notovic non aveva trovato - e fino ad oggi anche nessun' altro - é la continuazione della narrazione su Sant'-Isa/Yuz Asaf e la migrazione del Risorto verso l'India dopo Golgotha. Cronache del genere esistevano senza dubbio, ed in esse sarebbero forse anche raccontate le circostanze più precise sull'evento della Resurrezione a Gerusalemme come - forse - le aveva menzionate lui stesso in Kashmir ai suoi nuovi discepoli. Forse. Ma una seconda parte della narrazione dovrebbe, necessariamente, smascherare il primo racconto come fraudolento. E per questa ragione un tale testo rimarrà forse per sempre 'introvabile', qualora ancora esistesse (in un monastero tibetano?). All'eccezione che un giorno la sua Eccellenza, il Dalai-Lama, conoscesse il nascondiglio di queste supposte testimonianze e le presentasse, qualora ne fosse in grado e lo desiderasse. Nell'interesse della pace religiosa e nella sorprendente constatazione che il Cristianesimo ed il Buddhi-smo Mahayana hanne in parte una radice comune, tale fatto sensazionale non sarà certamente tirato alla luce da parte dei potenti ambienti interessati. Non c'é dubbio che anche il Vati-cano é a conoscenza di questo velatissimo segreto.

È poi una singolare coincidenza che Nicolas Notovic soggiornava parecchie settimane proprio alla riva del lago Dal a Srinagar in Kashmir, senza avere la minima idea della prossimità immediata della vera tomba di Cristo; questa fu riscoperta soltanto dieci anni dopo questa visita. Pertanto questo enigmatico sepolcro rimane un faro - ancora annebbiato - del Cristianesimo in Asia che parla però per sè, e con molta eloquenza.

*

Quanto così in breve presentato costituisce, grosso modo, il contenuto di un'opera la quale, per la prima volta, vuole descrivere, rendere omaggio e sopratutto spiegare la i n t e r a vita di Gesù di Nazareth. Non solo la parte biblica conosciuta, ma cominciando alcuni decenni prima della sua nascita a Betlemme, fino a qualche decennio dopo il suo decesso naturale a Srinagar, in Kashmir, India. È un aspetto importante é di mostrare anzitutto le conseguenze della sua esistenza e di mettere in rilievo i meriti straordinari della sua attività. E ciè la creazione di un impero spirituale che comprende oggi non solo l'Occidente e le Americhe, ma anche parti dell'Asia, incluso il Giappone. E che vorrebbe dar profilo alle idee che hanno tanto influenzato e sublimato la nostra civiltà, persino nell'Hinduismo, durante due mila anni.

Numerose illustrazioni sono a disposizione. Tra l'altro anche l'immagine del volto, un poco velato, del genuino Cristo prima della passione, ed ancora senza ferite, come pubblicato, come premiere mondiale, per pasqua dell'anno 1985, nel mensile 'Famiglia Cristiana', proprio in Italia. Ciò rappresenta una vera sensazione. Grazie alla scienza-tecnologica della computerizzazione, il professore Giovanni Tamburelli, Torino, é riuscito con il suo Team in due intensi anni di studi e lavori di estrarre quest'immagine dalla Santa Sindone a Torino. Questa, in un primo tempo fu dichiarato dal Vaticano nel 1988 una falsificazione medioevale. Ma nel 1991 questo verdetto prematuro fu ufficialmente smentito e la Sindone riconfermata definitivamente come l'originale lenzuolo di Gesù, da parte della Santa Chiesa di Roma. Oggi sapiamo dunque qual'era l'aspetto fisico dell'uomo che, all'incarico di Dio, era venuto ad accendere una luce in questa terra - la fiamma della compassione. Qui lo ha visto, allora come oggi, non lo dimentica facilmente: È un viso che emette e radia proprio questo grande appello all'umanità per l'amore fraterno, e la rinuncia alla violenza - è un ritratto che sembra in perfetta armonia con l'autore del 'Pater Noster' e del 'Sermone sul Monte'.

Dal medesimo autore é stata pubblicata, per ora solo in tedesco, una Trilogia di tre volumi, con un totale di ca 1600 pagine, che su forma di una narrazione drammatica racconta i principali eventi delle due vite di Cristo, in Palestina e in India, basa ta su tutti i dati storici fino ad oggi ottenibili, sia biblici dal Nuovo Testamento, sia di fonti non-cristiane. - il titolo é:

'CRISTO - Cosa all'inizio fu e che accadde - dopo Golgotha'
La Storia Epica - e la verità finora conosciuta
(CHRISTUS - Was am Anfang war - und was
nach Golgatha geschah)

Questa narrazione, situata nell' esotico mondo antico greco-romano, e dell'India all'alba della sua storia, di due mila anni fa, può affascinare chi ha sempre voluto sapere di più sulla grandiosità della sempre enigmatica figura storica che era Gesù Cristo.

Nel 2008 sarà pubblicato, dapprima in tedesco, il libro storico-scienziato di circa 700 pagine, col titolo:

'CHRISTO - La verità e le Prove Scientifiche'
(CHRISTUS - Wahrheit und Beweise)

Questi libri integrano tutto l'enorme materiale sulla vita di Gesù, conosciuto e sconosciuto, e del suo tempo e furono originalmente compilati con vista all'anno del giubileo 2000 come bilancio su quanto raggiunto in due mila anni di Cristianesmo. Sono tra l'altro anche intesi a motivare una moderata riformazione del Cristianesimo odierno, ad una liberazione da aspetti ancora troppo pubertari, da suoi errori e mancanze e vorrebbe riportare ad un modello di pensamento etico cristiano elevato con più giustizia sociale, rispetto della vita (e non solo dell'uomo!) e della rinuncia alla violenza in questo mondo - e di allontanarsi un poco dagli ambigui eventi della Tomba Vuota di quella Passah-mattina tanto remota.

E, forse anche, per mostrare, possibilmente, le basi di quelle correzioni che appaiano le più urgenti onde conservare il venerabile edificio del Cristianesimo dal crollo ed onde, al contrario, rifortificare le sue fondamenta per costruire un secondo piano, per la fondazione della
SECONDA CASA DI CRISTO
per una nuova e più moderna dignità ed elevazione dell'insegnamento del suo fondatore, ma ALL'INTERNO della Santa Chiesa Madre, non fuori.

La COGNIZIONE di chì Cristo era in realtà, e la sua visione di erigere, qui giù da noi. il Regno Utopia, rimpiazzerà, poco a poco, la semplice e bonaria fede - e lascerà apparire Gesù il Cristo ai nostri occhi in futuro ancora più maestoso di quello che era stato finora.

Zurigo, 1998, 2.edizione

Markus von Friedland
Autore

—.—.—

31. Chè ne deriva: IL faticoso cammino verso la Seconda Casa di Cristo

La nostra esistenza é determinata dalla triviale lotta quotidiana per la sopravivenza che consuma la maggior parte delle nostre energie. Durante il cammino attraverso questa vita ci occorre una guida spirituale la quale però, malgrado le nostre ricerche intense, non ci viene data da nessuna potenza superiore. L'unica guida ad illuminare questo cammino nel buio che ci rimane a disposizione, oltre alle nostre autorità governative transitorie ed instabili, sono la religione e la filosofia.

Ci servono come fari sulla strada sconosciuta con i loro riti e fanali ai quali ci possiamo agrappare e che ci danno consolazione in fasi di sofferenze e di miseria, fenomeni dai quali veniamo colpiti sempre di nuovo, senza poterci spiegare le cause di tali sofferenze.

Due grandi personaggi della storia spirituale mondiale, Cristo e Buddha, ci hanno insegnato due strade che conducono al paese Utopia, al regno della pace e verso un'esistenza più serena e più riempita di senso per noi tutti. L'uno con il suo programma rivoluzionario della lotta incondizionata contro la miseria materiale e per l'abolizione di ogni tipo di violenza e di guerra con il suo mandamento dell'amore fraterno nella coesistenza. E l'altro con la rinuncia totale ad ogni potere celeste ed a tutti gli dei, la sua dichiarazione di guerra all'Ego nell'uomo, alla mania del potere, all'avidità di possedere, alla vanità, all'ingiustizia, alla gelosia e ad ogni tipo di violenza per creare l'uomo nuovo dell'umiltà, della tolleranza, della contentezza. Tramite auto-disciplina ed auto-dominio delle nostre emozioni; gran parte della sofferenza causata dall'uomo stesso potrebbe essere soppressa e tolta dal nostro mondo.

Mentre la filosofia buddhista offriva sin dall'inizio due piani per la salvazione dell'anima - quella del miglioramento karmico qualitativo per la re-incarnazione per la grande massa popolare, e quella dell'annientamento del proprio karma (dell'-Ego), e quindi la rottura e la fuoruscita dal vizioso ciclo delle rinascite per i pochi - , l'insegnamento cristiano non conosce fino ad oggi che un unico piano, per modo di dire solo un pianterreno: Quello dell'incondizionato Credo ed obbedienza secondo i dogmi dell'ecclesia o secondo le scritture canoniche nel mondo protestante. Chi non può accettare nè l'uno nè l'altro, si trova difatti escluso dalla grande famiglia cristiana.

In un mondo altamente tecnocratico e dei cambiamenti rapidi coniato da modernissime scoperte scientifiche, l'offerta dei modi accettati di credenza delle chiese cristiane è diventata troppo stretta e non può più soddisfare le esigenze della comunità cristiana odierna. La società cristiana emancipata, uomini e donne, si mostrano riluttanti di essere spinti in un buio tubo di galleria religiosa il quale non corrisponde più assolutamente alle quotidiane realtà della vita. Occorrerebbe un recipiente religioso che offrisse, a milioni di cristiani battezzati, o meno credenti, la possibilità di ritornare nella falda della grande comunità cristiana, anzichè volgerle il dorso. Tale nuovo recipiente potrebbe essere costituito da una Seconda Casa di Cristo, a costruirsi non al di fuori, ma all'interno dell'ecclesia, come piano elevato con un secondo rifugio dove sarebbe chiesto un pò meno la semplice credenza, ma piuttosto la COGNIZIONE della via gesuana (e forse anche buddhista), della via verso quel remoto regno chiamato Utopia di una stirpe umana elevata, senza sofferenze, miseria, violenza e guerre che in un lontano giorno ci fu promesso da Cristo. E l'accesso al quale fu, per allora, rifiutato dal Padre celeste poichè il Figlio si era, in fondo, ribellato contro i principi della creazione che comprende anche la sofferenza, la distruzione, la violenza e la morte, giàcchè anch'esse vengono dal Padre. Infine però fu vittorioso la compassione di Cristo versa la crea tura. E con ciò fu spinto aperto un nuovo portone per un cammino verso un'esistenza più spensierata e ilare, liberata da angosce primitive - se noi soltanto volessimo!

Ma purtroppo appare che il genere umano non ha ancora compreso che il cammino deve essere introverso, che dobbiamo combattere e vincere noi stessi per elevarci ed emanciparci verso un livello superiore della nostra esistenza. La vittoria sopra noi stessi é pù meritoria di quella sopra un nemico esteriore. Il nuovo altare della Seconda Casa di Cristo che sarà solo possibile erigere tramite la correzione dei fundamenti storici del cristianesimo, ci aprirà, forse, la vista su nuove cognizioni e verità, e su metodi efficienti di sopprimere buona parte delle sofferenze causate da noi stessi.

*

32. Un Manifesto -

NOTIZIE CONTEMPORANEE SULL'APPARIZIONE FISICA DI CRISTO

A seconda d'un rapporto di sorveglianza, probabilmente dall'epoca 29/30 post in Galilea, indirizzato a Publius Lentulus, amministratore supremo romano e superintendente di Pontio Pilato, stazionato in Syria:

'...un'uomo di alta statura (15,5 pugni = 1,83 m),
capelli color castano-biondo rossiccio, pettinato
liscio fino agli orecchi, ondulati sopra le spalle,
con barba conspicua, rigata in mezzo. Occhi
grandi, color grigio-blue, timbro di voce un poco
strano e particolare, grande charisma...'

Ed ulteriori commenti:

'...era molto mite negli ammonimenti, tremendo
nelle invettive , spesso era sereno e serio, talvolta
piangeva - ma ridere non lo si vide mai...'

Ed ancora:

Possediamo oramai un'immagine originale ottenuta con computerizzazione-tomografica del professore G. Tamburelli di To rino, Italia, e dalla sua squadra scientifica in due anni di lavoro, ricavata dalla genuina Santa Sindone, conservata a Torino, ritratto dal quale furono eliminate tutte le tracce delle torture causate dalla crocifissione, come la rottura del setto nasale, il gonfiore della guancia destra, le ferite dalla corona di spine, dei colpi in faccia: (vedere anche la maschera mortuaria di Cristo dell'anno 1985, sulla copertina.

Non é il viso di un'eroe, ma sono tratti pieni di compassione e della misericordia che non dimentica facilmente chi l'ha visto, oggi come allora, e che sembra accordarsi perfettamente con lo spirito del grandioso 'Sermone sul Monte'.

***

Dal gravissimo errore alla verità la via é rettilinea,
Dall'errore raffinato alla verità la via é tortuosa,
penosa ed incomoda poichè risulta estremamente difficile smascherare un'
errore ben mascherato.

Gotthold Ephraim Lessing

***

33. Date delle due vite di Cristo

Nascità:	29 maggio 06 ante h	03.00 h ca, a Betlemme	
Battesimo al Giordano	feb.	28 post h a Gerico	
Crocifisso:	03 apr.	32 post h a Gerusalemme	
Ascensione:	14 maggio 32 post h	a Gerusalemme, Monte degli ulivi (Luca)	
Pentecoste:	24 maggio 32 post h	a Gerusalemme, Monte Zion (Scha'wuoth)	
Damasco:	ottobre 32 post h	Incontro con S.Paolo	
Tracce:	34 post h	Nishibin (Turchia sudest)	
Tracce:	34 - 44 post h	Adiabene (Irak nord)	
Tracce:	48 post h	Taxila (Pakistan) (Actae Tomae)	
Kashmir:	78 post h	Srinagar, Kashmir,India (Incontro con Rè Shales-vahin, 4.Concilio buddh.)	
Defunto:	107 post h	a Srinagar, Lago Dal, Kashmir, India, all'età biblica di 114 anni	

ante (h) = ante Cristo, conto storico, a differenza dal conto astronomico (06 ante h = 07 ante astro.)

post (h) = dopo Cristo, conto storico

***

34. Tentativo di una valutazione astrologica

L'astrologia non é una scienza esatta, e continua essere questionata come tale. E ciò malgrado il fatto che nell'anti-chità proprio da essa era sorta una delle scienze naturali più esatte: l'astronomia e l'insegnamento sui percorsi dei corpi celesti.

Siccome esistono ancora oggi molti fenomeni tra cielo e terra non spiegabili, non é forse illecito inserire, anche in un libro su fatti storici, un tentativo ipotetico astrologico per arrichire la nostra immagine del Cristo storico e di scoprire se potessero esserci certe concordanze, o meno. - Tanto più che i segni zodiacali, due mila anni fa, ritenevano ancora proprio quelle posizioni al firmamento rispetto al sole, posizioni che oggi differenziano per quasi un segno zodiacale o 30 giorni da allora - senza che i nostri oroscopi ne prendano neppure nota.

A nostra sorpresa troviamo con la calcolata data di nascita di Cristo e l'ora supposta (+/- alcuni minuti) una concordanza piùttosto straordinaria tra i valori astrologici trovati e aspetti di carattere e corsia di vita del Nazareno:

Sistemi consultati:

Cortex, Huber: - Grande congiunzione Giove/Saturno nei Pesci, 1. percorso anno 07 ante, astronomico 29 maggio 07 ante, ore 03.00 h

Astrovisa 5,0 - 06 ante, storico (h) 29 maggio 06 ante, ore 03.00 h

In entrambi i casi lo stesso anno e gli stessi dati di nascita

IL 1. percorso della grande congiunzione di allora (da tre in totale nello stesso anno, le susseguenti però visibili solo per una notte alla volta), era durato dal 24-29 maggio 06 ante storico (h), rispettivo 07 ante astronomico (a).

La notte del 24 maggio la luna si trovò vicino alla costellazione che procurò sfavorevoli condizioni di luce al cielo notturno e ridotta cospicuità dei pianeti Giove e Saturno in congiunzione.

La notte del 28 maggio la luna si trovò vicino al sole sorgente, e quindi ancora sotto l'orizzonte di Betlemme, assicurando ottime condizioni di visibilità dei due grandi astri in congiunzione (l'uno dietro l'altro), al cielo notturno molto buio, attorno alle ore 03.00 h.

**

Segno zodiacale	GEMELLI	Nascita a Betlemme, 29.05.06 ante storico, ore 03.00 h della notte
Ascendente	ARIETE	Nel caso di nascita, coordinate di Betlemme, da ore 02.14-03.06 notte 28/29 maggio;
	TORO	Nel caso di nascita, coordinate di Betlemme, ore 03.07-04.17 h, notte 28/29 maggio (probabile);

**

Carattere	Due volti: Due anime:	(come il dio Giano dei Romani) (due anime nello stesso petto)

Un pronunciato senso per la giustizia sociale, intelligenza acutissima, gran dono d'organizzazione, per regìa, responsabilità di condottiere talento drammaturgico,

Cerca spesso ottenere armonia tramite conflitti (ira, invettive, azioni mitiganti, compassione, lacrime - tipico per 'Toro'?)

Perseveranza ed insistenza per raggiungere una meta (tipico per 'Ariete'?)

*

OROSCOPO: Costellazione dei pianeti al momento nascita:

SOLE Si trova proprio all'inizio di GEMELLI.
EGO accentuato, marcata presunzione,
difficilmente intravedibile per altrui,
può stare bene anche in solitudine

MERCURIO, 3. Casa
Trasmettere idee, attività d'insegnamento pronunciata

Tiene la più parte degli astri nel settore dell'
EGO, ma

PLUTO Potere creativo, settore del TU,
Pesci-Virgo:
Aiutare, medicare, forte impegno sociale, ancora rafforzato da
MARTE
più Leone-Virgo, 5.Casa:
serve da motore
NETTUNO
Impegno estremo nel settore del TU,
amore prossimo fino all'autosacrificio,
intuizione e sensibilità per problemi
altruì, emancipazione spirituale (anche
camuffando, annebbiando). Pensabile:
Erbe/droghe per emancipare/elevare
la propria coscienza

URANO, 11. Casa:
Amici spirituali con identiche
visioni/vedute
GEMELLI
Interesse in molte cose, ma rapida
saturazione, spesso cambi, anche
superficialità

Triangulo: rosso d'efficacia: dinamica enorme e
movimento pronunciato (migrazioni
quasi senza intervalli)
*

Un disco oroscopico é concepito sin dall'antichità per una durata di vita umana di 72 anni; dopo ricomincia tutto da capo, quale ripetizione della stessa costellazione astrale. Se studiamo la vita di Cristo per ora conosciuta fino al decesso in Kashmir all'età di 114 anni, secondo le fasi di sviluppo e relazioni dei periodi, constatiamo una sorprendente congruità della realtà avvenuta con l'oroscopio sopracitato per persone della data di nascita in questione:

ETA	CURRICULUM	EPOCHE
01-16 anni	Forti posizioni planetari, anni formativi, coscienza: Ri-sveglio	6 ante - 10 post
16-26	Vuoto relativo, tranquillità	10 post - 20 post
27-36 anni	Concentrazione e preparazione interna	21 post - 28 post
37-39 anni	Apparizione pubblica, molto attivo prediche, missioni,	28 post - 31 post
39	anni: Dramma su Golgotha Con 38/39 anni Cristo passa sotto Nettuno, periodo culminante, maturità massima, metà di vita, retrospettiva, incertezza	32 post
39-62 anni	Vuoto nelle costellazioni planetari, pochi eventi, fase passiva, anni di fughe	33 post - 55 post
63-72	Yuz Asaf (Gesù Cristo) in Kashmir Nel 54 post diventa attivo, con la ristaurazione del Tempio di Salomone a Srinagar, dichiara la sua missione profetica. Con ciò coincide la posizione del pianeta Urano nell'11. Casa: Accettazione di nuovi impegni spirituali. Ancora una volta costellazione Giove/Saturno come alla sua nascita, forti impulsi attivi, migrazione nei paesi dell'Himalaya, in India.	56 post - 65 post

72-90	Costellazione come nella gioventù con Sole, Luna, Mercurio, Venere. Eventi importanti: 78 post incontro con Rè Shalesvahin, eventuale partecipazione al 4. Concilium buddhista a Haran/Srinagar, Kashmir. Ancora una volta si tova nel triangulo della grande efficienza (con Saturno/Giove nei Pesci, nella 12.Casa), massimo del impegno sociale	66 post - 84 post
90-114 anni	Ancora una volta Pluto, l'asse Pesci-Virgo, rafforzata da Leone/Virgo nella 12.Casa, con Marte quale motore. Insorpassato stimolo di aiuto e compassione che negli ultimi anni raggiunge un'apice dell'amore altrui tramite rinuncio al proprio Ego.	84 post -107post+

**

L'oroscopo di Gesù Cristo potrebbe confermare la seguente supposizione:

YUZ ASAF (CRISTO) diventa il divino Misericordioso e trasmuta alla Divinità Buddhista dell'illimitata Compassione, AVOLOKITHESVARA (in Sanscrito) e dà in persona nascita al grand culto dei BODHISATTVA.

***

il mausoleo (Rauzabal) di Yuz Asaf (alias Cristo) nella Khany-ar-Street a Srinagar, Kashmir, India, situato in un quartiere musulmano (tre archi = lato nord)

Nuovo cartello al sepolcro di Yuz Asaf, attorno a 1988. Molto interessante la seconda frase: 'Qualunque libro che avesse trattato di questo santuario, é falsificato...(in inglese erroneo), riportato da un curatorio islamico. - Come dice il proverbio?: 'Dov'é fumo, c'é anche fuoco...'

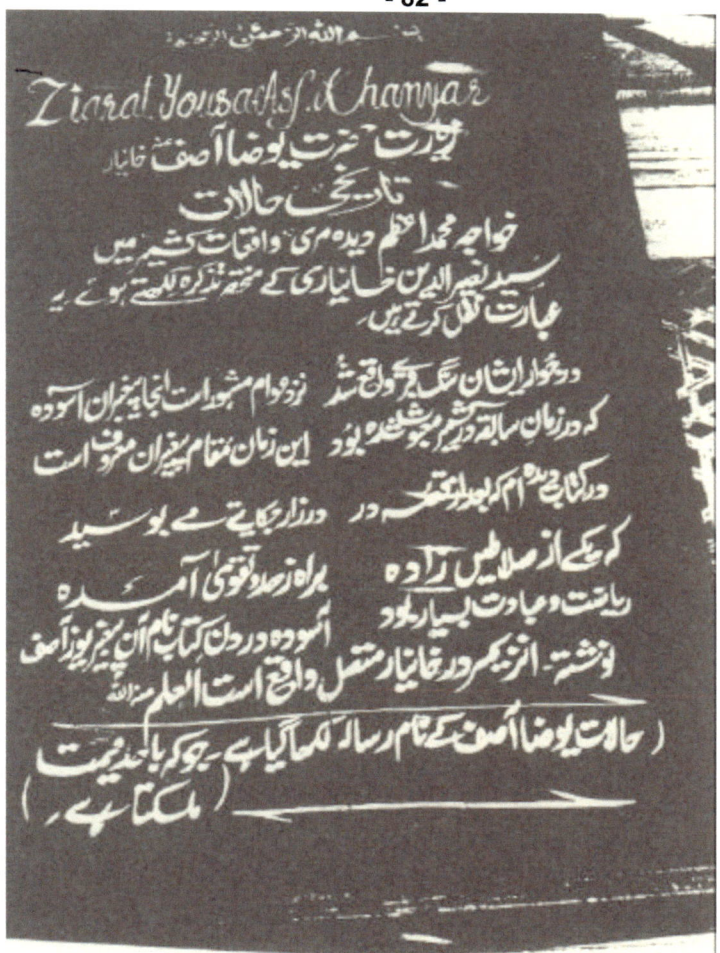

La antica tavola al Rauzabal (Sepolcro) in scrittura araba e lingua persiana (in secoli passati la lingua burocratica dell'India nord-ovest) la quale dice che in occasione della scoperta di questa tomba durante l'invasione islamica nel 14esimo secolo post, fu trovato nella camera sepolcrale una breve scrittura infangata dalla quale si poteva unicamente dedurre che il sepolcro appartenesse a un grande profeta dei tempi antichi che veniva, allora, molti secoli fà, in questa valle (Kashmir) per predicare la parola di Dio.

il mausoleo sepolcrale del grande, sconosciuto profeta Yuz Asaf (Gesù Cristo?) nella Khanyar-Street, Srinagar, Kashmir (5 archi = lato est).

Un ritratto del professore F.M. Hassnain che ha ri-scoperto il sepolcro di Yuz Asaf, attono al 1985, in costume di casa kashmiri, insime con l'autore, Markus von Friedland.

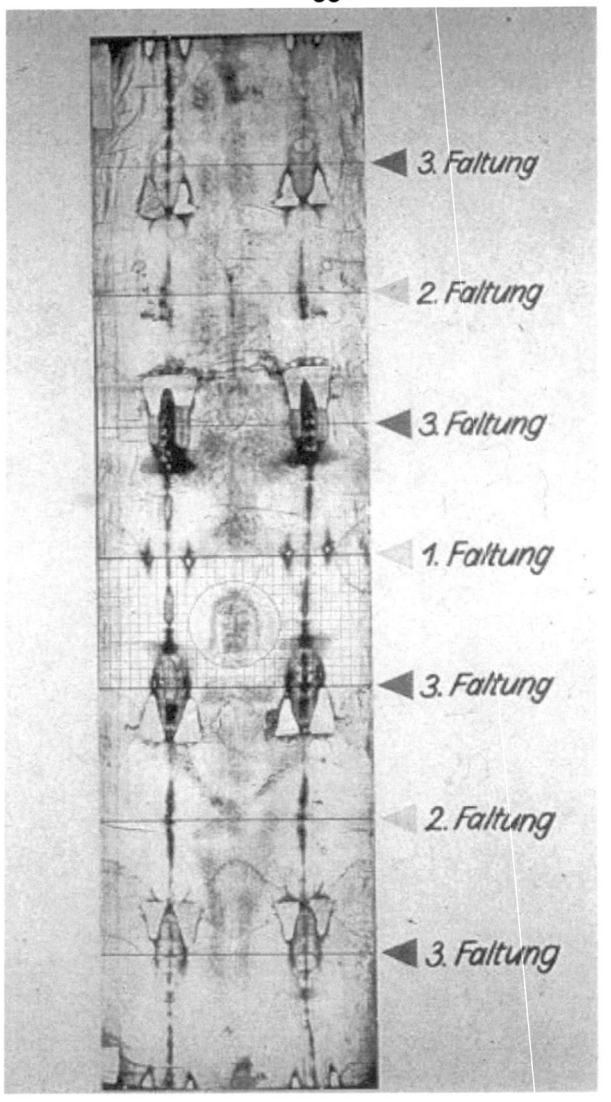

il primo foto-negativo della storia, scoperto come impronta da quasi due mila anni fa nella genuina Santa Sindone a Torino, dal fotografo Torinese, Secondo Pia, nell'anno 1898

il magnifico ritratto della crocifissione di Cristo, dipinto dal famoso El Greco, Spagna, alla fine del secolo seicento, attorno a 1580; Museo del Prado, Madrid ('El Greco', 1541-1614)

***

Edizione tedesca:
Zurigo, Dicembre 1999

Edizione italiana:
Zurigo, Giugno 2006   **Markus von Friedland**
                             Autore, Dr.h.c.

Cristo

MARKUS von FRIEDLAND

La cosa che tiene in mano lo stimato acquirente di questa scrittura non é una facile, scorrevole ed innocua narrativa, non è un'dramma avventuresco, né un racconto eroico, non é un ritratto, né una biografia propria oppure un essay letterario. Ma non è neanche una semplice documentazione o uno scenario teatrale, e neppure una prosa esoterica.

Ma, allora, che cos'è? – Non é niente meno che la tragica ed unica storia di DUE VITE di un personaggio più straordinario che abbia mai condivisa la nostra vita su questa terra, dell'uomo singolare di Nazareth che venne a cambiare profondamente una parte di questo mondo. – Due Vite ?? –

La storia epica di Cristo su come tutto iniziò e su chè accadde su e dopo Golgotha, dopo la sua sopravvivenza alla Croce, é raccontata in tre drammatici volumi, seguendo, passo per passo, gli eventi piùcospicui della sua vita, in un'ambito altrettanto affascinante quanto brutale, nel mondo antico Mediterraneo. Accompagnamo Cristo nella sua disperata missione nella Palestina ebraica, lo vediamo incontrare Paolo a Damasco, e svanire dai nostri occhi e dalla Bibbia con la sua segreta migrazione verso l'Este, dov'é arrivato, nell'anno 48 post (del suo proprio calendario!), a Taxila in Nord-India, alla corte del rè Gondaphor, possibilmente uno dei Tre Rè Magi di Betlemme, quattro mesi dopo la sua nascita. E realizziamo con stupore che, dopo aver sopravvissuto la Crocifissione con l'aiuto del Padre nella guisa di amici segreti, riesce a riformare il Buddhismo in gran stile, convertendolo in un vero movimento popolare religioso, ciò che prima di lui non era. Cristo mancò di modo naturale, alla bibblica età di 114(!) anni, a Srinagar, Kashmir, India.

Era un incontro puramente casuale. Con giovani studenti nel lontano Messico che portò l'autore sulle tracce di una legenda alquanto strana, provveniente dal Tibet-ovest, oggi Ladakh, provincia d'India nel Himalaya. Secondo la quale il giovane Gesù di Nazareth avrebbe spento i suoi anni di formazione – sui quali i vangeli tacciono – nel remoto Kashmir, in India del nord-ovest.

Una storia affascinante ha in seguito motivata la creazione di due opere letterarie che conducono, dopo profonde investigazioni in Palestina ed in Kashmir, a delle nuove interpretazioni sensazionali della turbulente ed estremamente lunga (seconda) vita di Cristo. L'autore, Markus von Friedland, nato 1930 a Wil, St.Gallo, Svizzera, da Toggenburg e Neuenburg, ha consacrato, dopo gli studi ed un'attività di molti decenni nel ambito del Turismo internazionale, e di professura a diverse facoltà turistiche, più di vent'anni del suo tempo libero allo scrivere di una drammatica narrativa sulle Due Vite del Cristo, in tre volumi, ed in più in un'edizione speciale sul tema - il 'Libro della Verità e delle Prove'.

Che molti lettori e lettrici trovino piacere ed impulsi mentali dalla lettura e la motivazione per aiutare la costruzione, attiva e spirituale, della Seconda Casa di Cristo, all'interno, non all'esterno della Chiesa Madre, onde arrivare, un giorno remoto, malgrado tutte le circostanze contrarie, alla Promessa Terra chiamata – Utopia.

In'occasione del 25esimo Congresso Mondiale del Parlamento Internazionale dello Sviluppo (Vishwa Unnyayan Samsad) a Nuova Delhi, India, il 12 marzo 1988, l'autore fù onorato con il titolo Dott.h.c. (honoris causa), in merito alle sue accurate ricerche nel campo della storicamente fondata e moderna Cristologia.

Il libro della 'Verità e delle Prove' ci svela finalmente il grande segreto del Nazareno che vide in sè l'Epifania del Padre nei Cieli per cui lui fondò in terra il grande Regno Invisibile dei cuori e della misericordia. Fu crocifisso come incontestato erede al trono d'Israele, essendo di sangue reale Asmoneo dal lato materno, e dalla Casa di Davide per adottazione paterna. Dalla Santa Sindone di Torino prescinde l'evidenza della sua sopravvivenza alla Croce. Indi migrò da Damasco verso l'India, avendo ottenuto una seconda vita, e logrò di inserire con marcato successo la sua visione 'gesuanica' nell'antico Buddhismo in India. È arrivato il tempo di accettare e di onorare la verità dei fatti storici oramai comprovati, in onore di Cristo stesso, che tanto amava, bramava e ci predicava - proprio la verià.

Herstellung und Verlag: Books on Demand GmbH, Norderstedt
ISBN: 978-3-8334-7763-8